最高の顧客体験を提供する

「実感型」デジタルマーケティング

三室克哉　鈴村賢治　山崎雄司
瀬田石真人　中居隆

株式会社プラスアルファ・コンサルティング

東洋経済新報社

はじめに

「デジタル」という言葉が氾濫している。

デジタルツール、デジタルテクノロジー、デジタルシフト。そしてマーケティングの世界ではデジタルマーケティングの必要性が叫ばれて久しい。

生活者を取り巻く環境が急ピッチでデジタル化し、当たり前のように生活者がデジタルを使いこなしている。さまざまなシーンで企業の情報を入手し、生活者自身が発信者となって企業の情報を伝えるようになってきたいま、デジタルマーケティングの成否が企業存続の重要なファクターであることは論を待たないだろう。

だが、必要性が叫ばれる一方で、現実は追いついていないのが現状だ。企業はＩＴによるマーケティングツールを駆使した解決策を模索しているが、あふれるほどの選択肢のなかから自社に適したツールを選べないでいる。選んだとしても効果的に活用できている企業となるとほんの一握りだ。

生活者が有益な体験価値を重視し、消費購買行動が所有から利用へとシフトしていることを考えると、今後、ますますモノが売れない時代になっていくであろうことは明白である。一方、企業のマーケティング部門の多くはせっかくのデジタルツールをもてあまし、生活者の進化に対応できていない。

では、どのようにすればマーケターはデジタルの先にいる顧客のニーズや悩み、要望を把握し、適切な顧客体験を形にすることができるのだろうか。

私たち、プラスアルファ・コンサルティングは「顧客を実感すること」が唯一最善の策だと考えている。弊社では2011年からCRM（顧客関係管理）を軸にした「カスタマーリングス」というソリューションを提供し、数多くの企業のCRMを支援してきた。ヒトが本来やるべきことに専念して付加価値を発揮できるように支援し、眠っているデータを見える化して活用する環境を提供してきた。

数多くの企業のCRMを支援してきたその過程で得たのは、店頭での接客同様、一人ひとりの顧客をリアルに感じ、実感を伴いながらPDCAを高速化することこそがより良い顧客体験に直結するという確信だ。漠然とPDCAを回しているだけでは、現代の生活者には満足してもらえない。顧客を購買へといざなった要因――好み、悩み、本音、心情の変化――を読み解き、実感することが満足度の高い顧客体験を形作っていく。デジタル化が進展し、マーケティングの仕組みが自動化され、AIに置き換えられていくいまだからこそ、マーケターに何よりも必要なのは、さまざまなデータを通して一人の顧客がまるで目の前にいるかのように実感し、そのヒトに合った価値を提供する実感マーケティングだ。

広告の領域では運用型広告と呼ばれる広告配信が主流となり、いままでの不特定多数をターゲットにした露出から、個をターゲットにした訴求にシフトするなど、広告分野においてもCRM的な概念が取り入れられるようになっている。

ここにこれまで積み上げてきたCRMの手法やノウハウをうまく組み合わせれば、新規獲得（アクイジション）からリピート促進（CRM／リテンション）までを網羅的にカバーすることも不可能ではない。

そう、デジタルマーケティングの応用範囲は広いのだ。

だからこそ、ぜひともデジタルマーケティングを成功させてほしい。そのために本書では、顧客実感を得ながらデジタルマーケティングを円滑に推進し、成果を出すために必要な考え方やシステムに求められる要素を明らかにし、実感マーケティングの具体的な実践方法や成功事例、失敗しないためのヒントなどを具体的にまとめている。

実感マーケティングを進めていく途上で直面する壁や問題点についても、乗り越え方や落とし穴、問題の解決法を解説している。本書をきっかけに、ぜひデジタルマーケティングを実践し、成功事例を自ら具現化してほしい。本書がその一助となれば幸いである。

目次

はじめに 1

第1章 激変するマーケティング環境
——顧客体験が求められる時代へ

デジタル化が止まらない 12
先行する生活者、後を追う企業 14
マーケティング2・0 企業視点から顧客視点へ 15
マーケティング3・0 CSRがマーケティングの重要な要素に 17
マーケティング4・0 顧客エンゲージメントの向上が課題に 18
オンラインとオフラインの統合が可能に 20
データが氾濫している 22
デジタル化が加速するコト消費ニーズ 24
生活者が重視するのは「体験価値」 26

秘密主義ではなく透明性で勝負する時代へ 28
マーケティング業務のスピードや効率が圧倒的に向上 30
疲弊するマーケティング担当者 31
マーケティング施策の効果検証まで手が回らない状態 32
エクセル集計というボトルネック 34
AI時代のマーケターの役割はデータから顧客を実感すること 35
顧客が受け止めた体験価値を見える化する 37

第2章 マーケティング部門における成果と問題点

マーケティングとは価値を提供し続けること 42
価値とは「体験価値」を意味している 43
さまざまな分析手法がマーケティングを進化させた 45
分析手法の確認と見直しも欠かせない 47
MAによるデジタル化がマーケターにもたらした恩恵 58
データの統合だけが目的になっているケース 61

データ抽出まで想定したシステム構築が肝 64
自動化の行き過ぎ 施策のマネジメントが効かない状態 65
必要なのは引き算の勇気 68
部分最適がブラックボックス化を招く 70
KPI偏重による弊害が生じている 72
KPIのモニタリング デジタル化の恩恵の一つだが 73
KPI偏重の弊害1 レポート作成に追われる羽目に 75
「データを見たその先」に問題があったA社 76
KPI偏重の弊害2 顧客が見えなくなっている 78
KPI偏重の弊害3 思考停止が機能不全を招く 79
手段が目的化 恐るべき「サルバナナ」状態 81
ステップメールの見直しで体験価値を磨いたB社 84
目的をはっきりさせて悪循環から脱却 85
業務プロセスを見直し改善を遂げたC社 86
顧客体験を提供するには「実感」が必要だ 88

第3章

実感とは何か
――実感マーケティングの考え方

実感とは何か 94
一人の顧客にフォーカスする 97
顧客像と現実のギャップはなぜ生まれる 99
実感なきまま施策を繰り返していないか 100
データ検証のブラックボックス化は思考停止を生む 102
ペルソナを肉付けする効果も 103
実感からカスタマージャーニーの精度を上げるG社 106
定性データ活用の重要性 110
定性データから顧客に響くキーワードを掘り当てるI社 116
KPI思考に加えて顧客実感思考も 118
顧客実感には組織を変える力がある 121

第4章 実感マーケティングの実践

実感マーケティングの実践事例

実感マーケティングの実践事例 124
実感マーケティングにより、確かな成果を上げるK社 124
一人の顧客への過剰なコミュニケーション 126
目的から逆算して、段階的にデータ統合を推進 128
顧客データが見られる範囲を制限した理由とは 130
オンラインとオフラインを組み合わせた施策へ 133
デジタルの時代だからこそ実店舗で味わえる顧客体験を重視するL社 135
マーケティングを通して「おもてなし」をレベルアップ 137
販促制作物の内容と送付対象を都度見直し 139
施策結果を受けてコミュニケーションのあり方を変えたM社 140
施策後の検証がPDCAを効果的に回していく 142
メールの配信タイミングを見直して、開封率が大幅にアップしたN社 144
メールの件名や内容自体も変更 146
実感マーケティングの具体的な手法 148

1．個客をとらえる　150
①顧客に紐付く定量データの統合　150
②アンケート、コールログなどの顧客の声の活用　153
2．個客を実感する(見える化・気づき)　158
①顧客群の動きを見る　158
②個客の動きを見て変化と違いをとらえる　161
3．個客に対して施策を行う　165
①実感に基づくセグメント施策（コミュニケーション設計）　165
②１ｔｏ１施策　168
4．ＰＤＣＡサイクル(小～大)の実践　171

実感マーケティング成功のための七つの留意点　174

①自社の提供したい体験価値を洗い出し、目的を明確にする　174
②一人の顧客をしっかり見て、実態に迫る　180
③レアケースか否か、リサーチであたりをつける　181
④リーンスタートアップから、施策のブラッシュアップを重ねていく　183
⑤大事なのは「打席にたくさん立って」「勝ち癖をつける」こと　185
⑥システムの導入　プランＢを用意しよう　186
⑦空気を読んだ施策数と実感数の積み上げがノウハウになる　188

Column 「顧客体験フィードバック」とテキストマイニングの有用性 190

第5章
実感度を測ろう

あなたの会社の実感度は 198
実感度・レベル0 199
実感度・レベル1 200
実感度・レベル2 201
実感度・レベル3 203
現状のレベルを把握したら、あとは実行する 205

おわりに 208

第1章

激変するマーケティング環境

——顧客体験が求められる時代へ

デジタル化が止まらない

デジタルシフトの波が加速している。多くの企業が、デジタルテクノロジーを駆使して、経営のあり方やビジネスプロセス、さらには組織や企業文化・風土までをも変革し、競争上の優位性を確立しようと懸命だ。

マーケティングもデジタルと切り離して考えることは不可能になった。市場調査から製品、価格、プロモーション、流通、顧客との関係性に至るまで、市場を創造するためのマーケティング活動はすでに大半がデジタル化されている。Eメール、Webサイト、検索エンジンやSNSなどオンラインにおけるあらゆる手法や情報を活用して行うマーケティングはもはや一般化したといっていい。

なぜ、デジタルシフトが急速に進んでいるのだろう。その答えは、生活者の飛躍的な変化にある。

いまから13年前の2007年6月29日。この日、生活者のその後のライフスタイルを大きく変えることになる製品が米国で発売された。アップルの初代iPhoneだ。

「マックワールド・エキスポ」の基調講演において、故スティーブ・ジョブズ氏は

ｉＰｈｏｎｅを紹介し、「今日、アップルは電話を改革する」と宣言した。だが、ｉＰｈｏｎｅが変えたのは電話ではなかった。世界中の人々のライフスタイルや価値観そのものだ。

日本でｉＰｈｏｎｅが発売されたのは、その1年半後。以降、日本人のデジタル化も急速に進行し、並行して生活者が得る情報量は爆発的に増加した。もはやスマートフォンがない生活は考えにくい。現代人のライフスタイルはスマホの登場前、登場後に分けられるといっても過言ではない。

誰かに連絡を入れるシーンを考えてみよう。固定電話を使う機会は急減し、ＥメールやＬＩＮＥなどのＳＮＳが主流になっている。

総務省が２０１９年5月に詳細値を発表した「通信利用動向調査」によれば、固定電話の加入者数や契約者数の減少率は年々加速し、固定電話の世帯全体の普及率は65・2％。いまや、全世帯のうち3分の1以上が「固定電話のない」家庭だ。

特に20代、30代の固定電話離れは著しい。固定電話を持っている20代はわずか7・6％に過ぎず、30代でも26・2％。40代の半分以下だ。現在の20代、30代が年齢を重ねたときに、いまの40代や50代のように固定電話を持つとは考えにくい。固定電話は、ビジネスシーンを除けば絶滅危惧種に近づいている。

先行する生活者、後を追う企業

一方、ＳＮＳの利用率は順調に増加中だ。ＩＣＴ総研の調べによれば、日本のＳＮＳ利用者は２０１８年末には７５２３万人に達した。普及率でいえば75％。２０２０年末には７９３７万人へと拡大する見込みだという。

ネットユーザーに占めるＬＩＮＥの利用率は約81％、ツイッターは約43％、インスタグラムは約36％。年代によって利用するＳＮＳが異なるとはいえ、ＳＮＳが急速に存在感を高めていることは間違いない。コミュニケーション手段の第一の選択肢はＳＮＳにシフトしている。

テレビの視聴時間も減少している。総務省の調べによれば、テレビの１日の視聴時間は全体で減少し、逆にインターネットの利用時間は増加傾向にある。10代や20代では、ネットの利用時間はテレビの視聴時間を上回る。30代、40代もテレビの視聴時間は減少傾向をたどっている。

何かを調べるときにはネットで検索し、買い物はオンラインで済ませ、テレビよりもネットで動画を楽しみ、友人や家族とのコミュニケーションはＳＮＳで行う。さらにさまざまなシーンで商品やサービスの情報を入手しては、自らが企業や製品の情報を主体的に発信する。

これが現在のごく一般的な生活者のライフスタイルだ。

テクノロジーの進化を背景に、生活者が先行してデジタルシフトを進めている以上、その生活者を対象にマーケティング活動を行う企業はデジタル化を進めざるを得ない。企業のデジタルシフトを牽引しているのは、生活者のドラスティックな変化だ。

マーケティング2・0　企業視点から顧客視点へ

生活者の変化が企業のマーケティングの変化を促していく――。これは、マーケティングがたどってきた歴史そのものでもある。

米国の経営学者であるフィリップ・コトラー教授によれば、マーケティングという概念が誕生したのは1900年代。当時は、需要が供給よりも多く、安くすれば製品が売れる大量生産・大量消費の時代だった。どのような製品（Product）を、どこ（Place）で、いくら（Price）で、どのように宣伝（Promotion）して売るかを考えるフレームワークが問われていた、「マーケティング1・0」の時代である。

製品を軸としてマーケティングを展開する製品中心主義のもと、大量に作ることで価格を抑え、広告戦略は主に地上波テレビCMを大量に投下（＝Spray）した後は、うまく当たってくれることを祈る（＝Pray）。「スプレー&プレイ」戦略が広く展開されてきた。

1970年代に入ると、技術の進化を背景として、似たような製品が市場に多く出回るようになり、商品のコモディティ化が一気に進む。市場の価格競争は激化し、大量生産・大量消費は通用しなくなる。神頼みマーケティングも効力を失った。

企業視点でのマーケティングでは差別化が図れなくなった時代をどう乗り切るか。このとき、はじめて企業は生活者に自分たちの商品やサービスを選んでもらう特別なポジションを志向するようになる。顧客視点の誕生だ。

ただ安く売るのではなく、買い手のニーズを知ることが重視されるようになり、マーケティングは顧客志向にシフトして、1・0から2・0へと移行する。顧客が本当に求めているモノを理解し、顧客軸で商品を設計し、市場を作っていく。「買い手主導」、顧客志向のマーケティングの時代がやってきた。

買い手のニーズを把握し、効果的な施策へとつなげるために顧客IDと行動データを紐付けるようになったのも、2・0以降だ。購買履歴を見ながら上得意客のみにDMを送ったり、ファミリーセールのお知らせを送ったりという取り組みは、マーケティング2・0の時代から始まった。個々の顧客の行動を見ながらコミュニケーションを図るようになったのだ。

顧客を特定の条件でフィルターにかけて（セグメンテーション）、攻略すべき顧客群を特定し

（ターゲティング）、差別化する価値を明確にして自社の立ち位置を確立する（ポジショニング）STP分析と呼ばれるマーケティング手法が登場し、普及したのもこの時期である。

マーケティング3・0　CSRがマーケティングの重要な要素に

1990年代以降～2000年代になると、マーケティング3・0の時代にシフトする。市場にますます商品があふれ、企業間競争がヒートアップし、インターネットの台頭により顧客側が得る情報は加速度的に増えていった。生活者の変化に対応して、企業もネットを使ったマーケティング活動を展開していく。

と同時に企業は、環境問題への配慮、人権やコンプライアンスの遵守、地域社会との共存や貢献といった社会的責任を担うCSRにも力を入れるようになった。生活者が関心を持っているのは、製品やサービスの機能、クオリティ、価格ばかりではない。企業のポリシー、環境問題に臨む姿勢、倫理的観点からもシビアに注視されるようになり、企業も事業活動を行っているだけでは生活者の支持を得られない。社会に自主的に貢献するスタンスがマーケティングの重要な要素になっていった。

なぜ、生活者が企業のCSRに注目するようになったのだろう。生活がある程度豊かになり、モノが充足すると、次のステージとして生活者は精神的な充足感にウエイトを置くようになった。社会に貢献したい、貢献できる存在でありたいという志向が強くなったのだ。

モノ消費よりもコト消費が好まれるようになったのも、ちょうどこの頃だ。これまでの感覚のまま生活者をとらえようとすると、企業は生活者からそっぽを向かれる。「顧客にとっての価値は何なのか」を真剣に考え、訴求していく価値主導のマーケティングの必要性が叫ばれた時代である。

マーケティング4・0 顧客エンゲージメントの向上が課題に

そして、2010年以降は「マーケティング4・0」のステージに突入する。いま、生活者が重視しているのは自己実現だ。

米国の心理学者アブラハム・マズローは、人の欲求を5段階で表した「欲求段階説」を提唱し、そのなかで自己実現を最上位に置いている。いま企業に求められているのは、製品やブランドを通して、ありたい自分・あるべき自分を追求する生活者の精神的欲求を満たし、自己実現に貢献する取り組みだ。

顧客エンゲージメントの追求という視点もこの時代に急浮上した。顧客エンゲージメントとは、生活者と企業や製品、サービス、ブランドとの深い関係性のこと。日本語に訳すとすれば、「愛着」や「思い入れ」という言葉が一番適切だろうか。生活者が、企業が発信するコンテンツを通して、高いロイヤルティや好感を持ち、いわゆる「ファンになる」状態を意味している。

顧客エンゲージメントが高まれば、継続購入、継続利用が増えていく。その結果として企業の売上が上がり、収益もアップする。そうした好循環を促す顧客エンゲージメントは、現代におけるマーケティングの最重要課題の一つである。

顧客エンゲージメントを高めるには、デジタルだけではなく、オフラインでの接点も含めたトータルでの取り組みが必要だ。マーケティング3・0の時代には、オンラインとオフラインは分けて考えられていた。両者を融合させるまでのテクノロジーがまだ普及していなかったという背景もあり、デジタルとオンラインを棲み分けた上での分析や活用が一般的だった。

しかし、4・0の時代はそうではない。テクノロジーがオンラインとオフラインのデータの統合を可能にした。「マーケティング4・0」は、デジタルシフトの時代ではあるが、それは単にチャネルのデジタル化を意味しているのではない。問われているのは、オンライン・オフラインを問わず、顧客とのタッチポイントを充実させ、顧客満足を提供できる施策である。

オンラインとオフラインの統合が可能に

オンラインとオフラインとの統合には、どのようなインパクトがあるのだろう。

こういうシーンを思い浮かべてほしい。店にはじめて来店した顧客がアプリで会員カードを提示すると、店側は過去にECでどういう商品をどれだけ購入してきたのかがその場でわかり、「こうした商品をお持ちなら、次はこんなコーディネートはいかがですか」と接客できる——。このような接客が現実にスムーズに運ぶかどうかは別として、これは誰もが思い浮かべるもっとも理想的なオンラインとオフラインの統合だろう。マーケティング3・0の時代には不可能だったやりとりだ。

もし、3・0の時代にそれをやろうとすれば、顧客に直接ヒアリングするか、あるいは「こうしたテイストが好みかもしれない」といった勘と経験に頼って接客するしかなかった。的中することもあったかもしれないが、確率としては決して高くなかったはずだ。

しかし、テクノロジーの力を借りれば、過去の購買情報を見ながらピンポイントでの提案も行いやすい。サイズ感も含めて顧客の詳細な情報が手元にあるのだから、提案の精度は高くなる。

はじめて来た店なのに、会員カードを提示すると、「いつもありがとうございます」と販売員から挨拶され、優良顧客としてのポイントがすぐに還元されれば、顧客満足度は上がり、店やブランドとの継続的なつながりが強化されていく。ここにオンラインとオフラインを融合する意味がある。

米国の経営学者、フィリップ・コトラー教授は著書『コトラーのマーケティング4・0 スマートフォン時代の究極法則』（朝日新聞出版）のなかでこう述べている。

「（マーケティング4・0とは）企業と顧客のオンライン交流とオフライン交流を一体化させるマーケティング・アプローチである」

「マーケティング4・0において、デジタルマーケティングと伝統的マーケティングは、顧客の推奨を勝ち取ることを最終目標として共存しなければならない」

デジタルシフトしている時代だからこそ、オフラインにおける顧客へのアプローチの重要性が増しているともいえるだろう。しかしながら、オンラインとオフラインを組み合わせた取り組みは日本においては、まだそう浸透していない。うまく進められていない会社が多いのが現状だ。

もちろん、成功している例がないではない。そこでは、システムを効果的に活用し、データを統合し、仮説をもとに顧客をセグメンテーションし、有効と思われる施策を実行して検証し、ＰＤＣＡを効率的に回すことで着実な成果を上げている。

ただし、くどいようだが少数派だ。なぜうまく進められていないのか。それを明らかにし、顧客起点のマーケティングを軌道に乗せるための具体的な指針を提示するのが本書の目的である。

データが氾濫している

企業視点から顧客視点へ、そして商品の価値主導から顧客の自己実現へと、マーケティングが進化するにつれ、マーケティング担当者を取り巻く環境は複雑化し、混迷を深めている。

もっとも大きな環境変化として挙げられるのが、顧客に関するデータ量の急増だ。生活者がデジタルサイドにどんどん移行し、デジタルの世界でのコミュニケーションが急激に拡大したことで、マーケティング担当者が見なければならないデータの量は以前と比較にならないほど増えている。

誰かと連絡を取るのも、コンテンツを見るのも、自ら情報を発信するのもデジタルの世界が主流となっているいま、生活者が何を考え、どのように行動し、何を求めているのかも、デジタル的にとらえやすくなった。デジタルデータとして数値化されているのだから、分析しやすく仮説も打ち出しやすいはずだが、現実には途方もないデータ量を前にして何をどう扱ったらいいのかがわからず、多くのマーケターが手をこまねいている状態だ。

例えば、ECの注文データをさかのぼってみよう。過去1年分、2年分のデータを見ようとすると、蓄積された膨大なデータに圧倒される。マーケティング1・0や2・0の時代には考えられないボリュームだ。

定性データも爆発的に増えている。会社名や製品名、ブランド名でキーワード検索をすると、ツイッターだけでも、多ければ月に数百万件ものつぶやきがヒットする。

これはもう人海戦術でなんとかできるレベルではない。選択肢として考えられるのは、システムを活用し、テクノロジーを駆使して分析する方法のみだ。

ところが、この方法もそう簡単ではない。受注データを詳細に読み取ったりツイッターのつぶやきを分析したりするなど、特定の目的に応じて部分最適化されたシステムはあるものの、その種類は多岐にわたり、デジタルデータ活用の世界はカオス化している。

やっかいなことに、こうした問題は今後複雑さを増すことはあっても、減ることはない。生活者サイドからすれば、デジタルは圧倒的に便利であり、利便性を供与してくれるツールである。手放す事態は考えられない。デジタル化が止まる、あるいは減速する未来はありえないと断言できる。

結論として、企業はデジタル化する生活者や社会に対応していくしかない。覚悟を決めて、ボリュームが増し氾濫するデータを活用する道を模索するのみである。

デジタル化が加速するコト消費ニーズ

モノ消費からコト消費へ、所有からシェアへ。マーケティングをめぐる環境変化としては、こうした生活者の価値観の変化も見逃せない。企業はデジタルシフトを迫られていると同時に、コト消費への対応も求められている。

いうまでもないが、コト消費とは、ある商品やサービスを購入することで得られる特別な時間や体験、人間関係などが購買の決め手になる消費行動をいう。これまでメーカーは良い製品、優れた機能を備えた製品を作ることに一番のプライオリティを置いていた。だが、コト消費の時代には、たとえメーカーであろうともサービス業的な視点が欠かせない。

コト消費に応えた企業の取り組みの一つがサブスクリプションだ。製品やサービスなどの一定期間の利用に対して定額、あるいは従量課金で代金を受け取るビジネスモデルを始める企業が増えている。

代表格が米国の動画配信サービスのネットフリックスや音楽配信サービスのスポティファ

イ、アップルミュージックだが、サブスクリプションのジャンルは日本でも多方面に広がってきた。花、ラーメン、コーヒー、洋服、化粧品。ＢｔｏＢでの事例も増えている。もはや「なんでもあり」の様相だ。

２０１９年に入ってからは、国内に強固な販売網を構えるトヨタがサブスクリプションビジネスに参入した。トヨタの車を３年で乗り換えられる「ＫＩＮＴＯ ＯＮＥ」と、レクサスの車を３年で６台または３台乗り換えられる「ＫＩＮＴＯ ＦＬＥＸ」だ。利用するのに必要なのは、免許証と駐車場だけ。車を所有する際のような煩雑な手続きはなく、簡単にトヨタの車を利用できる。

ネットで完結するサブスクリプションが多いなか、「ＫＩＮＴＯ」の申し込みはネットのほか、全国のトヨタ系列販売店でも受け付けている。販売店経由ではシニア層の利用が多いという。顧客の相談に応じながら接客する販売網ならではの機能を活かし、オンラインとオフラインを統合したサブスクリプションだ。

レンタカーやカーシェアが単なる「移動の足」としての車を提供しているのに対して、トヨタの「ＫＩＮＴＯ」が提供しているのは、いつでも自由に（トヨタの）車を利用できる「車のあるライフスタイル」だ。車の所有につきものの面倒な手続きやイニシャルコスト、ランニングコストの大半を取り除き、気軽に手軽に車のある生活を実現できる選択肢を生活者に提供している。

新しいところでは、米国のスポーツ用品メーカー、ナイキが子ども用スニーカーのサブスクリプションサービスを発表した。対象は2歳から10歳の子どもたちだ。毎月定額を支払うと、ナイキやコンバースのブランドからサイズを指定した上で選んだ靴がデリバリーされる。子どもの成長は早く、買った靴がすぐに履けなくなる。親であれば誰もがこの悩みを抱えているだけに、反響は大きかった。以前から発売している製品やサービスであっても、方法次第で顧客が求める新たな価値を提供できることがよくわかる事例である。

このように、高いシェアを持つメーカーが次々にサブスクリプションに参入しているのは、顧客の価値観の変化に対応し、顧客エンゲージメントを高めるためだ。所有からシェアへと生活者の価値観がシフトするなか、〝巨人〟トヨタであってもこの動きを無視できない。コト消費への対応は待ったなしだ。

生活者が重視するのは「体験価値」

サブスクリプションではないが、新たな顧客体験を提供し、活路を切り拓いた事例として、オンワードのパターンオーダースーツ事業を取り上げよう。

2017年10月にスタートしたオンワードの新サービス「カシヤマ ザ・スマートテーラー」は、中国の工場を子会社にし、オーダースーツ専門の直営製造工場を確保。工程をデジタル化し、工場から直接顧客に発送することでコストを下げ、3万円〜という低価格と、最短1週間という短納期を実現した。

パターンオーダーのスーツ自体は以前からあり、特にサービスとして新味があるわけではない。だが、「カシヤマ ザ・スマートテーラー」は、価格を大胆に下げ、これまで1ヶ月〜2ヶ月を要していた納期を大幅に短縮し、コストパフォーマンスを引き上げた。

また、先のトヨタの「KINTO」同様、ビジネスのフレームワークにオフラインを取り入れている点にも注目したい。ショールーム形式のショップを首都圏などの利便性の高い立地にオープンし、完全予約制で採寸や試着を受け付け、要望があれば出張サービスを行っている。2度目以降は採寸なしでオンラインでの注文も可能だ。取引先企業に出向いて身だしなみ講座を開催するなど、新たなタッチポイントの開拓にも力を注いでいる。

自分の体型や好みにフィットしたスーツをオーダーしてみたいがハードルが高い。価格も気になるし、時間もかかりそうだ。そうした生活者の不満や不便、不安を解消し、自分に合ったスーツを着用することでどういったライフスタイルが得られるのか、そこまで踏み込んで提案しているのが「カシヤマ ザ・スマートテーラー」の強みといえる。販売しているのはスーツだが、オンワードは自分だけのオリジナルスーツを仕立てて着こなす気分や満足感を提供しているのである。

２０１８年からはウィメンズスーツの取り扱いもスタートし、２０１９年には中国に開設した第２工場が本格稼動している。米国や中国など海外市場での事業も計画中だ。この新事業が同社の業績を押し上げ、可能性を広げているのは、従来のスーツ販売では実現できなかった新しい顧客体験を創出しているからだろう。

秘密主義ではなく透明性で勝負する時代へ

このように、企業がいまコト消費への対応に本腰を入れ、顧客体験の提供を重視しているのは、それが顧客増に結びつき、好循環をもたらすからだ。

生活者が企業からもたらされる体験価値に満足感を覚え、喜びや楽しさを感じたとき、そうした感情や思いも製品やサービスに乗って多くの人に伝播していく。「この製品が良かった」「あのサービスが良かった」という製品やサービスの紹介にとどまらず、その製品やサービスを通してどんな体験ができたのかという情報までもが伝わっていく。良い顧客体験を提供すれば、良い拡散が生まれ、それが広告となってユーザーを自律的に増やしていく好循環は、顧客エンゲージメントの理想形だ。

もちろん、これは諸刃の剣でもある。伝播しやすいのは良い情報ばかりとは限らない。もし顧客の満足度が低ければ、負の情報、負の感情が伝わるリスクもある。悪循環が起きないとは限らない。

また、負の情報をもたらすのは顧客ばかりではない。従業員やアルバイトが不用意な動画や悪ふざけした動画をアップして、炎上騒ぎになる。そんな事件が増えている。

だからといって、リスク回避のために企業が情報をクローズし、秘密主義を貫き通すことはいまや不可能だ。世界はもうつながってしまっている。どんどんネットワークが広がる環境下にあって、例えば、特定の誰かだけに特別な対処をしたとすれば、アンフェアな行為だとして悪評がすぐに広がり、企業やブランドに大きなダメージを与えてしまうだろう。いまや秘密主義にメリットはない。

一度でもネットの世界で取り上げられれば、一気に拡散してしまう時代に取るべきスタンスは、透明かつフェアな方法で、顧客から真の支持を得られる企業を目指すことだ。情報があっという間に伝播し、かつ影響力がきわめて大きいコト消費に対しては、企業は秘密主義ではなく透明性で対応したい。

マーケティング業務のスピードや効率が圧倒的に向上

企業を取り巻く大きな変化としては、マーケティングデータを活用するスピードも挙げられよう。デジタル化が進みできることが増えたのはもちろん、マスマーケティングの時代では考えられないほどスピードが上がっているからだ。

以前であれば、必要な情報を収集するだけでも膨大な時間を要した。例えば、アンケートを実施して顧客の声を集め、それを商品に反映させようとした場合、調査の段階でまず時間がかかったものだ。

グループインタビューを実施するのにも一苦労。ある程度の人数を集めてインタビューの段取りをするのにまず時間がかかり、分析にいきつくまでにトータルで大変な手間と労力を要していたが、いまはどうだろう。デジタルの力を使えば、大げさではなく、情報収集のスピードは100分の1ほどに短縮できているのではないだろうか。少なくとも簡単な分析はデジタルによって可能になった。

情報の収集やグループインタビューをスピーディに行いやすくなったからといって、決してデジタルマーケティングが簡単だということではない。マーケティングは情報を集めて終わりではない。デジタル化されたデータ、さらには定性データにまで目を配りながら必要な施策を組み立てていくプロセスは一定の労力を要し、スキルも必要だ。

それでも、勘と経験をもとに予測して管理をする時代と違って、デジタルマーケティングを効果的に活用すれば、狙ったターゲットに対して精度が高くインパクトのある施策を繰り出すことができる。市場の変化を前提に、マーケティングの運用体制や方法もシフトしなければならない。

疲弊するマーケティング担当者

マーケティング担当者の働き方の変化についても触れておこう。

率直にいえば、現在のやり方のままでは今後は厳しくなりそうだ。これまでのマーケティングは人海戦術的な対応が中心だった。非効率なやり方を温存したまま、マンパワーを投入して顧客データを集計して分析する。そんな労働集約的な対応が繰り返されてきた。

そして、デジタル化が進んだいまも多くのマーケティング担当者はルーティンの作業に追われている。せっかく時間をかけてデータを分析しても、具体的な施策につなげられない。会議室で方針を決めても現場に戻ったとたん、膨大なルーティンワークを消化することに追われて、新しい施策どころではない。そしてまた、翌月の会議に向けたデータ集計にリソースが奪われていく。

私たちの感覚では、ざっと8割〜9割の企業がこのパターンだ。そもそも顧客に関するデータがバラバラで統合されておらず、顧客が見えていない企業が多い。王道とされているような施策はひと通りはやっているものの、その効果測定が不十分といった事例も目立つ。

このデータとこのデータをかけ合わせて、こういった仮説を検証してみたいと考えてはみても、環境上データのかけ合わせができず、仕方なく、手作業で必要なデータを取り出し、必要な形に加工した上で、ようやく分析に着手できるといった状態である。

そうした手間に追われて、マーケティング担当者は疲弊し、もがいている。データの抽出や、レポート作成、定期メールの配信など、負荷がかかるルーティンの業務に追われ、考える時間を確保できない。そんな例が多い。

マーケティング施策の効果検証まで手が回らない状態

ある化粧品会社の場合、Ｗｅｂまわりの仕組み化が遅れていたために、販促メールやメルマガを配信しようにも1日1本が限界だった。

システム部で対象者の条件を作って抽出し、メール配信ソフトに登録した後、担当者がメールコンテンツを仕上げ、テスト配信を行っていたが、すべてを手作業で行っていたため、メールを増やしたくても1日2本以上送信することは物理的に不可能だったのだ。

メルマガを送るだけで手一杯なので、効果測定への取り組みは、ほぼ手付かずで放置され、開封率やコンバージョン率すらとれない。分析していたとしても、わかるのはメルマガ送付者のうち何人が購入したかという購入率の最終結果だけで途中経過が一切見えてこないので、購入率が良い場合も悪い場合もその理由を特定できずにいた。つまり、結果が良かったメールも再現性がないということだ。

あるスポーツメーカーも、メール配信の効果を計測する仕組みがなく、メール内リンクのクリック数などを手作業で集計していた。分析の都度データベースからCSVデータをダウンロードして、エクセルで集計していたのだ。簡単にレポートを作成できないため、メール配信の成果は半年に一度社内に報告するのみ。関係者の数字に対する意識が高まることはなかった。

メールの配信本数が少ないだけでなく、効果測定が十分でないと、関係者の数字に対する意識はどうしても低いままになる。議論や意見交換のベースになる数字が乏しければ、メルマガコンテンツの改善や新しいメルマガ施策などポジティブで建設的な意見は生まれにくい。

問題は、「メールの配信数が少ない」だけにとどまらない。

エクセル集計というボトルネック

同様の壁に直面していたアパレル企業のケースも取り上げよう。

この会社では、併売分析などを行っていたが、エクセルで商品の注文データをすべて抽出し、併売品番を出力するために、VLOOKUP等の関数を何度も重ねて計算しなければならなかった。定番商品の入荷情報や、前年度商品を購入してくれた顧客に向けて新作の案内を送ろうにも、いったん購買データと顧客データを見比べた後、対象となる品番やメールアドレスをすべて手作業で対応させていく手間が必要だったため、実現は難しく、メールの誤送信のリスクも考えて、配信を諦めざるを得なかったという。

また、「どのような商品が売れているか」は把握できても、「その商品を購入している顧客の特徴」といった顧客軸の情報が圧倒的に不足しており、顧客層ごとの購買傾向や、リピーター・休眠顧客の特徴といった顧客軸による分析はままならない。エクセルでの集計がボトルネックになっていたのである。

結局、顧客の現状が把握できないために、仮説を立てようにも効果的な案が浮かばない。

担当者はジレンマを感じながら、作業に追われる日々が続いていた。

こういった話に、「思い当たるふしがある」「うちも同じだ」という会社は少なくないのではないだろうか。膨大なルーティンワークが肩にのしかかり、新しい施策を考え出すどころではないというマーケティング担当者は多い。仕組みがアップグレードされないまま、いつまでたっても手作業から抜けられない。とりあえず施策は打つものの、検証もできないままやりっぱなしで突き進むだけ。そうした企業の例を挙げればきりがない。日本のマーケティングの「あるある」である。

ＡＩ時代のマーケターの役割はデータから顧客を実感すること

しかし、先に述べたように、分析しなければならないデータの量は爆発的に増えていて、とても人力でこなせるようなレベルではなくなってきている。

いま、ＡＩのさらなる普及が確実視されている。手間のかかるデータを扱う作業の多くは今後、ＡＩに置き換えられていくだろう。「Ｗｅｂ&デジタル マーケティング ＥＸＰＯ」ではじめて「ＡＩ・マーケティング」ゾーンが開設され、人間がしてきた作業をＡＩに代替させること、作業工数を簡略化できることが発表されたのが２０１７年。それから約３年が経過し、作業工数の削減を目指してＡＩマーケティングを導入する企業が増えている。ＡＩがデジタルマーケティングのあり方を大きく変えていくことは間違いない。

では、そこでマーケティング担当者はどうあるべきか。

ＡＩは企画やクリエイティブ業務までは行えない。クリエイティブな能力は今後もマーケティング担当者に必須の資質だ。ブレーンワークであるべきマーケティング担当者は、ヒトならではの付加価値を出していかなければならない。

そのためにもマーケティング担当者の働き方を変えていく必要がある。ヒトに求められているのは、自動化できる領域ではツールを最大限に活用し、そこからなんらかの気づきや実感を得て、仮説を打ち出し、試行して、結果を振り返ることだ。

自動化によって「考える時間」を生み出し、ブレーンワークである分析を行い、ＰＤＣＡを回して施策の精度を高める。「考える時間」があってこそ、「コト消費」時代の顧客体験を提供するマーケティングが実践できる。

現代におけるマーケティングとは、顧客に体験価値を提供することにほかならない。体験価値を提供できる施策を考えるのはヒトであって、機械ではない。マーケティングとは全自動＝オートメーションとは対極に位置する活動だ。

顧客が受け止めた体験価値を見える化する

実店舗での接客経験があるマーケターは、顧客を具体的にイメージする術を心得ている。目の前の顧客とのやりとり、行動や表情、反応を通して、顧客の志向やライフスタイルを描く。デジタル時代のマーケターに求められているのもまさにこうしたスキルだ。データを通して、顧客をよりリアルに想像することだ。直に相対する機会はないとしても、接客経験があるマーケターのように、データを通じて顧客を具体的にイメージすることが求められている。

顧客の体験価値については、例えば図のように整理することができる（次ページ図表1-1）。セールやクーポン、ポイント還元といったお得感のある施策により得られる「お得」な体験価値、最適なレコメンドやWeb接客、返品保証などによって得られる「便利」な体験価値、ブログやイベント招待などを通して得られる「楽しい」体験価値、口コミや評価などを通じて得られる「安心」な体験価値、そして、顧客の自主的・自発的なコミュニティー活動によって得られる「共感」の体験価値だ。「共感」の段階に至ると、事業者の意図を超えて効果が拡散し、一種のコミュニティー活動のような大きなうねりが生まれ、ファンが自立的に拡大

図表1-1　施策の効果として、体験価値の見える化が重要

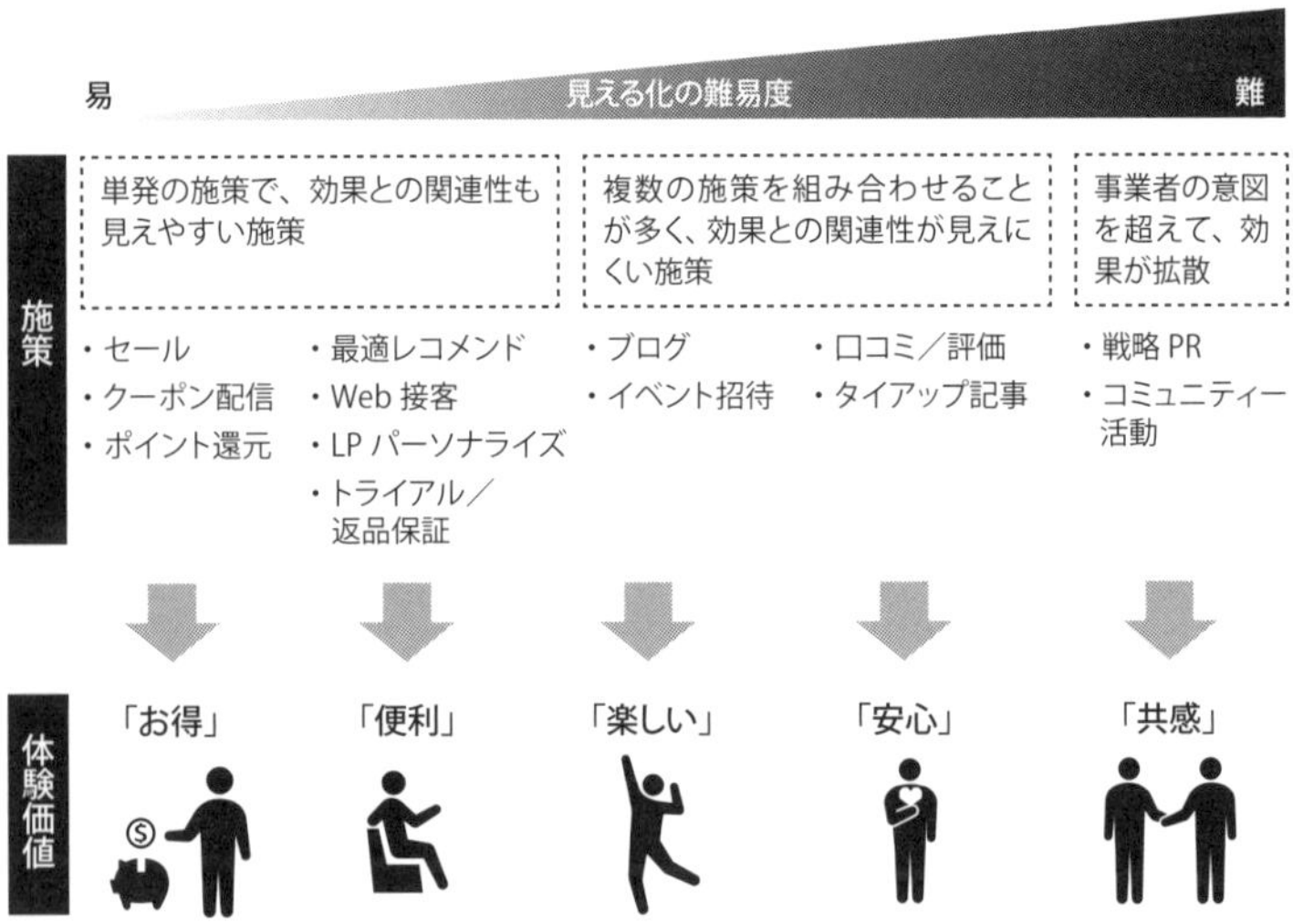

していく。

この段階までもっていくことは容易ではないが、施策を実践したら必ず、その効果として得られる体験価値を見える化することが大切だ。

そして、体験価値を提供することと、顧客がどのように「体験価値」を受け取ったか実感することは、必ずセットで行いたい。

自社の商品やサービスを通じて実現する「未来」を顧客に提供する。これこそがマーケティング担当者の本来の役割であり、ミッションだ。マーケティング担当者はそのためにこそ時間を割くべきであり、その仕組みの構築は企業が早急に取り組まなければならない、もっとも大

切な経営課題の一つである。

次章では、マーケティング部門がこれまで成し遂げてきた成果と、現状抱えている問題点についてさらに探っていくことにしよう。

第2章

マーケティング部門における成果と問題点

マーケティングとは価値を提供し続けること

第1章で述べたように、マーケティングを取り巻く環境は激変した。デジタルシフトの波が押し寄せ、消費者の価値観も転換期を迎えている。そのなかで、マーケティングはいかにあるべきなのだろうか。

私たちはマーケティングを次のようにとらえている。

「マーケティングとは、自社が提供する価値を定義し、顧客や市場に広めていくこと」

ここでいう価値とは、自社商品やサービスを通じて実現する「未来」であり、何を価値とするかを考え定義し、顧客や市場に広めていく行為がマーケティング活動だ。その価値が企業ごとに異なるからこそ、自社「らしさ」が生まれ、差別化が図れる。

そのなかでマーケティング担当者の役割は、データ分析や集計に基づく現状把握をベースに、自社が提供する価値が何なのか、どうあるべきかを考え、販促や宣伝活動によって独自の価値を広めていくことだ。そして、自社の提供する価値にふさわしい伝え方についてベストなアイデアや発想を生み出す。そうしたクリエイティブな領域で発揮されるのが、マーケティング担当者の本来の役割であることを強調しておきたい。

価値とは「体験価値」を意味している

マーケティングの定義自体は昔からそう変わっていないが、価値が意味する内容は以前とは大きく様変わりしている。

大量生産・大量消費の時代における一番の価値は「機能」だった。それを象徴するのが「三種の神器」なる言葉である。1950年代には白黒テレビ・洗濯機・冷蔵庫の家電製品が、1960年代にはカラーテレビ、クーラー、自動車が生活必需品として消費者に熱望され、大量生産され大量消費されたのは、そうした製品が備えている機能によって生活を便利にしたいと消費者が求めたからだ。

この時代は、安さも消費者が追い求める重要な価値の一つだった。企業は大量の商品を生産することでコストを抑え、安さを実現し、消費者のニーズに応えてきた。便利か否か、安いか否かが消費者の購買行動の大きな決め手になっていた時代である。

しかし、さまざまな製品が行き渡り、ある程度不便のない生活が実現すると、消費者の価値観は別の方向に向かっていく。消費者が新たに重視するようになったのは、「付加価値」だ。ほかにはない機能やデザイン、サービス。独自の付加価値のある商品を求め始めた消費者に対応するため、企業のマーケティングは「売り手主導」から「買い手主導」へとシフトし、顧客の購買行動や嗜好を見据えたコミュニケーションを強化していくようになった。

さらに、2000年代に入ると、マーケティングはまた方向を転換せざるを得なくなった。良い商品やサービスが世の中に氾濫し、もはや完全にコモディティ化したためだ。消費者はあまりモノを買わなくなった。企業が差別化を図り、付加価値を高めようとしても限界がある。モノ余りの時代に、商品やサービスだけで差別化することは難しい。

以前はマーケティングのテクニックによって、商品がコモディティ化した世界になんとか対応していた。手を替え品を替え、広告や販売促進の施策を打ち出す。それで一定の成果を上げていた。

だが、もう同じやり方は通用しない。なぜなら、マーケティング手法自体もコモディティ化してきたからだ。

どの企業も同じような手法を使い、同じような施策を実行する。そこに大きな違いはない。商品でもサービスでも差別化できず、マーケティングでも差別化が難しい。マーケティング担当者にとってはシビアな時代というしかない。

では、企業はどのように独自の価値を生み出し、生活者に提供していけばいいのだろう。第1章でも触れたが、いま生活者に求められているのは体験価値だ。モノが氾濫し、モノを買わなくなった消費者はコト消費を加速させている。この商品やサービスを使ったら、どんな気分に浸れるのか。どんな自分になれるのか。どんな未来が待っているのか。商品の機能や品質の良さは「あって当然」の前提条件であり、その上で、商品やサービスにまつわるストーリーが求められている。

ファンを獲得し、固定客化していくためには、商品やサービスを通じて体験価値を提供していく方法がもっとも効果的だ。いや、それ以外の方法はないといったほうが正解だろう。

さまざまな分析手法がマーケティングを進化させた

顧客に体験価値を提供していくために必要なのは何か。それがこの本のテーマである「実感」だ。顧客を数値の上だけで見るのではなく、一人の「個客」として深く実感することによって、マーケターは新しい気づきを得ることができる。自社の商品やサービスを通して顧客に体験価値を提供し、顧客をファンとして育てていくためには、顧客を実感することによる気づきが欠かせない。

これまで、顧客の状態をとらえるために数多くのマーケティングにかかわるデータ分析の手法が開発され、進化してきた。ごく一般的なものとしては、売上を媒体別、商品別、チャネル別などに分けて数字を追いかける集計が挙げられるだろう。

例えば、新規顧客を獲得するために、どのくらいの費用がかかったかを指すＣＰＡ（Cost per Acquisition）、１件の注文を獲得するためにどのくらいの費用がかかったかを指すＣＰＯ（Cost per Order）は、どちらも広告効果を検証する際に欠かせない指標だ。こうした単純集計は非常にシンプルなので、やっていないという企業はない。基礎中の基礎の集計だ。

このほかにも、定番化している手法はたくさんある。それぞれに長所があり、マーケティングを発展させてきた。勘と経験に頼りがちだったマーケティングを進化させ、数字を見ながら振り返り、ＰＤＣＡを回す下地ができたのは大きな成果といえるだろう。

例えば、かつてＤＭやメールは顧客すべてに一斉配信されていた。どんな属性であろうと、どんな購買履歴の持ち主であろうと、すべての顧客に届くＤＭやメールの中身は均一だった。

それが、特定の属性、特定の購買額、特定の嗜好の顧客をセグメントし、ターゲットを絞り込んで販促メッセージを配信できるようになったのは、さまざまな手法を使って、顧客データを分析し、活用できるようになったからだ。

分析手法の確認と見直しも欠かせない

ここからは、現在マーケターに多用されているスタンダードな分析手法について、その役割をざっとまとめてみる。「ポピュラーだから実施する」のでも「当たり前だからやる」のでもなく、なんのためにその手法を用いるのか、そこからどんな効果が期待できるのかを知った上で使っていきたい。

まずは、既存のポピュラーな分析手法を再確認しよう。

《デシル分析》

顧客軸によるスタンダードな分析手法で、全顧客の購入金額を高い順に10等分し、1～10のランクごとの購入比率や売上構成比を算出するデシル分析は、売上貢献度の高い優良顧客層を知るために効果的な分析手法といえるだろう。データさえ揃えば分析そのものは比較的簡単で、パレートの法則（一般に、売上の80%は全顧客の上位20%の顧客が占める）でいうところの優良顧客を認識しやすい。

ランクごとの売上比率がわかるので、効果的に売上アップを図るにはどのランクのグループにアプローチすべきなのかを把握できる。しかし、累積購入金額だけが指標になっているため、過去に一度だけ単価の高い商品を購入した顧客と、少額だが何度も購入してくれている顧客とが同じグループに入ってしまう可能性がある。この点に注意して用いるとなおいいだろう。

《RFM分析》

デシル分析と同じように、顧客をグルーピングしてみる代表的な分析手法が、最終購買日(Recency)、購買頻度(Frequency)、購買金額(Monetary)の三つの指標の組み合わせで、顧客の選別とランキングを行うRFM分析だ(図表2-1)。顧客の分解度はデシル分析よりも細かくなる。

RFM分析には、RFMの時系列推移を追いかけることにより、販促施策の成果をとらえやすいというメリットがある。このメリットを最大限に引き出して分析を進めていきたい。

三つの指標を同じレベルで併用するのではなく、RとFの二つの指標だけを使って周期を見ると、自社にとっての優良顧客を定義できる。特に、同じ商品が定期的に購入されるいわゆる単品リピート型のビジネスモデルでは、FとMは連動しやすい傾向にあるため、RとFの2軸での分析で十分とされることも多い。

図表2-1　RFM分析

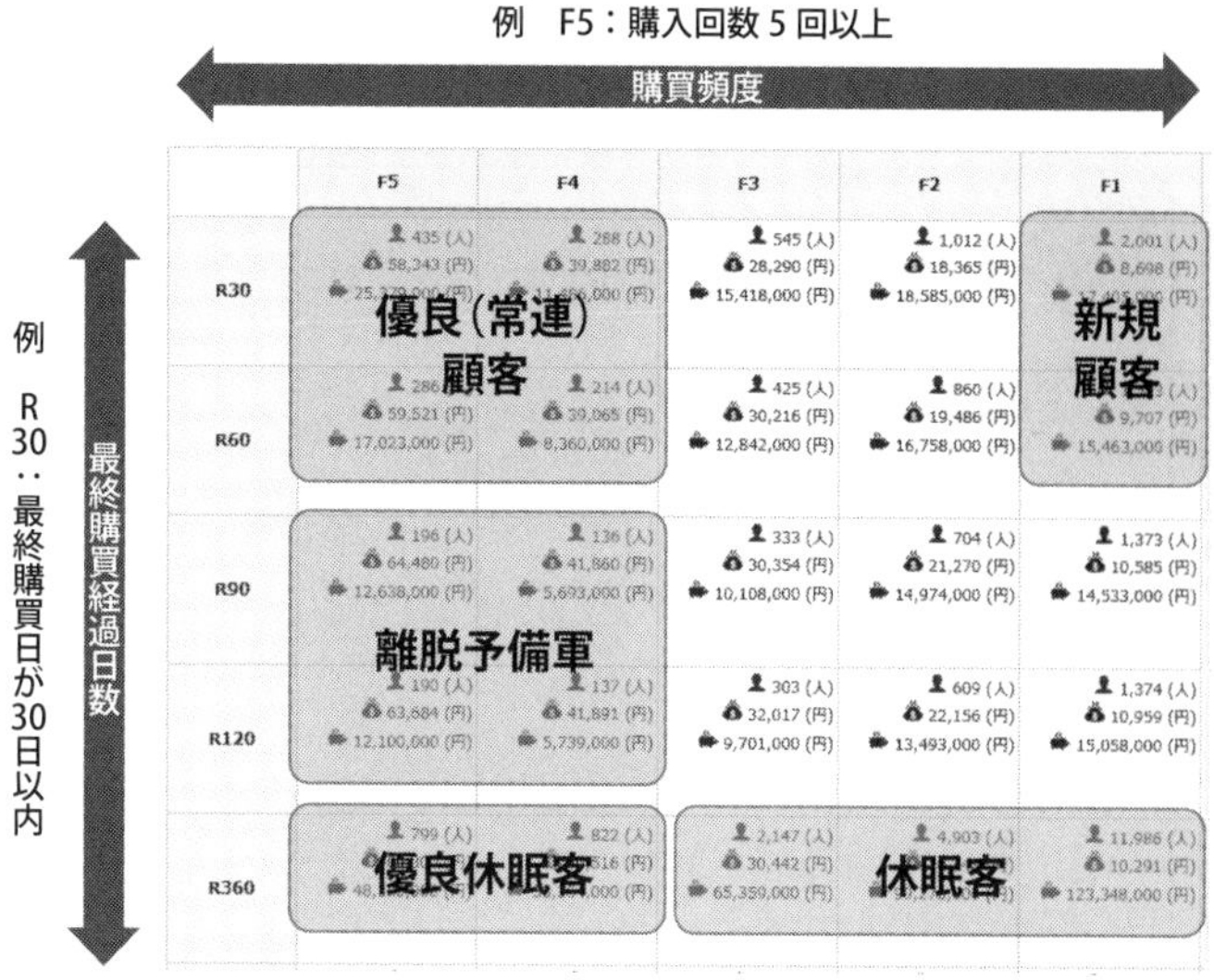

R：最終購買日、F：購買頻度

　RFM分析の注意点を挙げるとすれば、未来の顧客層をつかみにくいこと。最近の来店がなく、購買頻度は低いもののファン化できる可能性のある顧客は存在するはずだが、それをRFM分析から探り当てることは難しい。この点に注意して用いれば非常に有効な分析手法といえるだろう。

《LTV分析》

　顧客が企業にとってどれぐらいの利益に貢献してくれたかを測るLTV（Life Time Value）も、RFM分析と同様に、非常にポピュラーな手法だ。

図表2-2　LTV分析　獲得タイミング別

初めて購入した月

16年6月に購入した顧客が、以降何回購入しているか？　人数及び残存率を見る

獲得月（顧客の初回購入日）

			初回	2回目	3回目	4回目	5回目	6回目	7回目	8回目	9回目	10回目
合計	合計購入金額	1,396,689,000	90,080	27,500	10,909	4,909	2,560	1,368	780	409	217	91
	平均購入金額	15,505		(30.5%)	(39.7%)	(45%)	(52.1%)	(53.4%)	(57%)	(52.4%)	(53.1%)	(41.9%)
	平均購入回数	1.5										
	平均単価	10,060.9										
2016/06	合計購入金額	40,398,000	2,787	975	364	151	72	32	16	4	2	0
	平均購入金額	14,495.2		(35%)	(37.3%)	(41.5%)	(47.7%)	(44.4%)	(50%)	(25%)	(50%)	(0%)
	平均購入回数	1.6										
	平均単価	9,175.1										
2016/07	合計購入金額	41,782,000	3,040	1,043	379	149	62	24	12	4	4	3
	平均購入金額	13,744.1		(34.3%)	(36.3%)	(39.3%)	(41.6%)	(38.7%)	(50%)	(33.3%)	(100%)	(75%)
	平均購入回数	1.6										
	平均単価	8,852.1										
2016/08	合計購入金額	35,947,000	2,603	823	256	91	38	12	5	2	0	0
	平均購入金額	13,809.8		(31.6%)	(31.1%)	(35.5%)	(41.8%)	(31.6%)	(41.7%)	(40%)	(0%)	(-)
	平均購入回数	1.5										
	平均単価	9,385.6										
2016/09	合計購入金額	30,850,000	2,126	625	210	69	21	11	5	2	1	0
	平均購入金額	14,510.8		(29.4%)	(33.6%)	(32.9%)	(30.4%)	(52.4%)	(45.5%)	(40%)	(50%)	(0%)
	平均購入回数	1.4										
	平均単価	10,048.9										

図表2-3　LTV分析　獲得媒体別

初回購入時に
認知された広告媒体

ある広告から購入した顧客が、以降何回購入しているか？　人数及び残存率を見る

獲得媒体コード（顧客の初回購入媒体）

			初回	2回目	3回目	4回目	5回目	6回目	7回目	8回目	9回目	10回目
合計	合計購入金額	107,580,000	10,185	7,528	5,802	4,202	2,849	1,810	1,061	611	292	127
	平均購入金額	10,562.6		(73.9%)	(77.1%)	(72.4%)	(67.8%)	(63.5%)	(58.6%)	(57.6%)	(47.8%)	(43.5%)
	平均購入回数	3.4										
	平均単価	3,121.2										
5200	合計購入金額	627,000	100	73	56	37	22	13	8	4	3	2
	平均購入金額	6,270		(73%)	(76.7%)	(66.1%)	(59.5%)	(59.1%)	(61.5%)	(50%)	(75%)	(66.7%)
	平均購入回数	3.2										
	平均単価	1,971.7										
5202	合計購入金額	26,448,000	2,091	1,541	1,177	846	557	358	226	140	71	32
	平均購入金額	12,648.5		(73.7%)	(76.4%)	(71.9%)	(65.8%)	(64.3%)	(63.1%)	(61.9%)	(50.7%)	(45.1%)
	平均購入回数	3.4										
	平均単価	3,757.4										
5201	合計購入金額	22,781,500	1,884	1,408	1,060	766	509	310	168	88	37	14
	平均購入金額	12,092.1		(74.7%)	(75.3%)	(72.3%)	(66.4%)	(60.9%)	(54.2%)	(52.4%)	(42%)	(37.8%)
	平均購入回数	3.3										
	平均単価	3,648.5										
8139	合計購入金額	13,134,500	1,783	1,301	1,017	740	510	325	181	103	47	21
	平均購入金額	7,366.5		(73%)	(78.2%)	(72.8%)	(68.9%)	(63.7%)	(55.7%)	(56.9%)	(45.6%)	(44.7%)
	平均購入回数	3.4										
	平均単価	2,178.9										

ＬＴＶ分析は、近年、広告費をかけてもそれに見合う成果が得られなくなり、新規顧客獲得が難しくなってきた時代背景もあって広がってきた。例えば、仮に広告に１０００万円かけたとしてその直接の売上効果が数百万円程度に過ぎなかったとしても、この顧客がその後何回も継続して購入してくれたらどうだろうか。トータルで考えると、広告費に対して採算が合っていることになる。これが、ＬＴＶが重視されている理由である。

ＬＴＶ分析は、獲得月別で見る一般的な軸だけではなく、広告媒体別、初回購入商品、初回購入店舗などを切り口にした分析も有効である（図表2-2、2-3）。広告という「入り口」側の評価に活用し、継続した効果を見ることができる。最近急増しているサブスクリプションモデルや定期購入モデルにおいては、特に継続率は重要なＫＰＩ（詳しくは72ページ）だ。少ない広告費で価値的に利益を最大化していくためにも、ＬＴＶのアップという視点は欠かせない。

《引き上げ分析》

一度商品を購入した顧客のうち、ある一定の期間のあいだにどれぐらいの割合で2回目の購入に至ったかを示す「引き上げ分析」も王道の分析手法だ。何日後に2回目の購入のピークが訪れているかを見ると、顧客のおおよその消費サイクルを把握することができる。図表

図表2-4　引き上げ分析

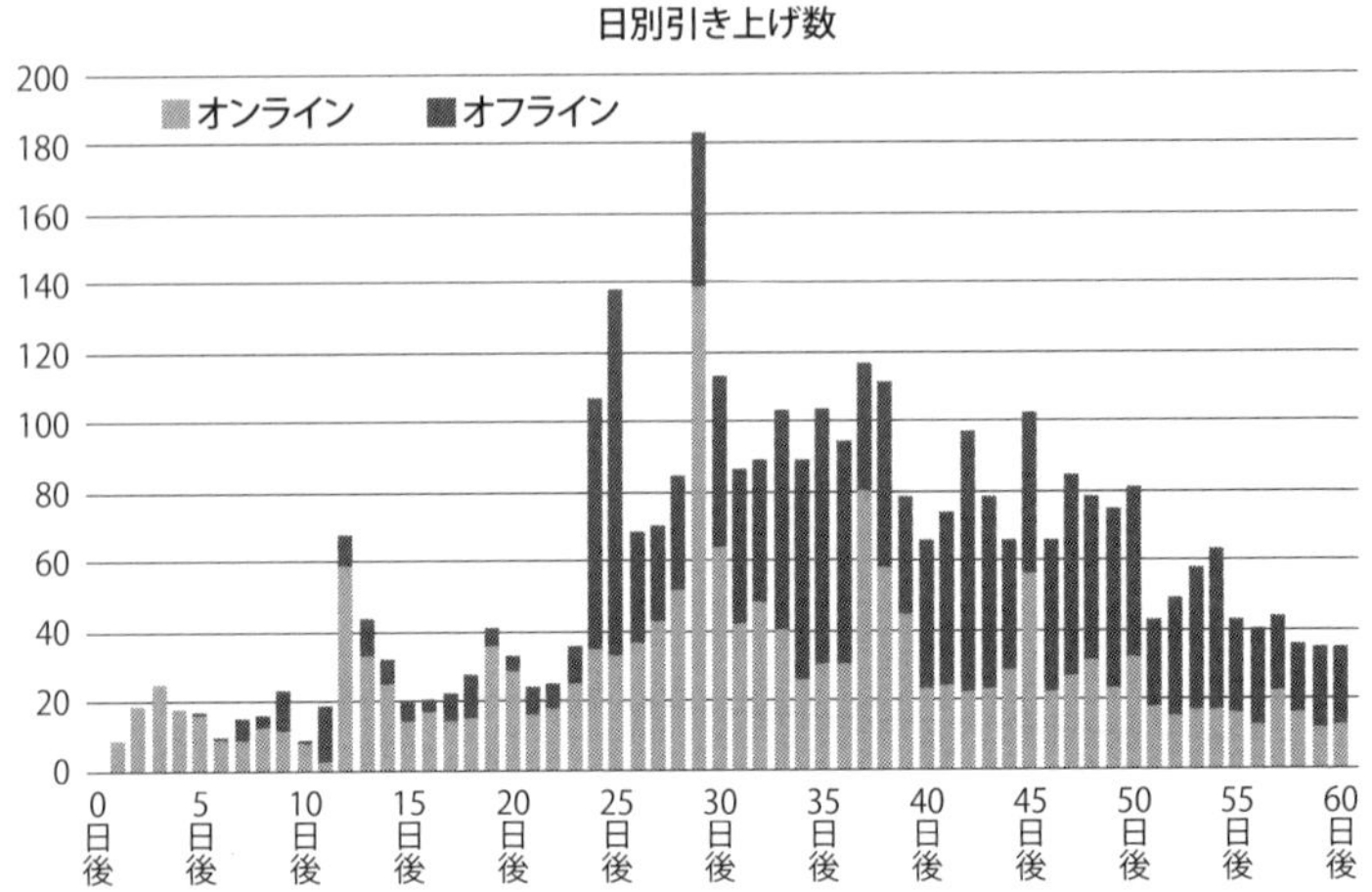

2-4で示しているのは、ある通販化粧品の引き上げ数の推移だ。ここでは、トライアル商品を利用した顧客のうち、本品購入や定期購入に移行した数を見ている。化粧品を使用するペースは顧客によって異なるが、この商品の場合には、おおむね29日後に引き上げ数がもっとも高くなっていることがわかる。

引き上げ率はオンライン、オフラインによっても違いが出る。それぞれの違いを見ながら、ピーク前の顧客に対してリピート購入を促すメールを送信するといったシナリオを組み立てよう。

また、年代別、入り口別（PCかスマホか）、広告媒体別、決済方法別、居住エリア別に顧客を集計したデモグラフィックデータな

図表2-5　基本デモグラフィック集計

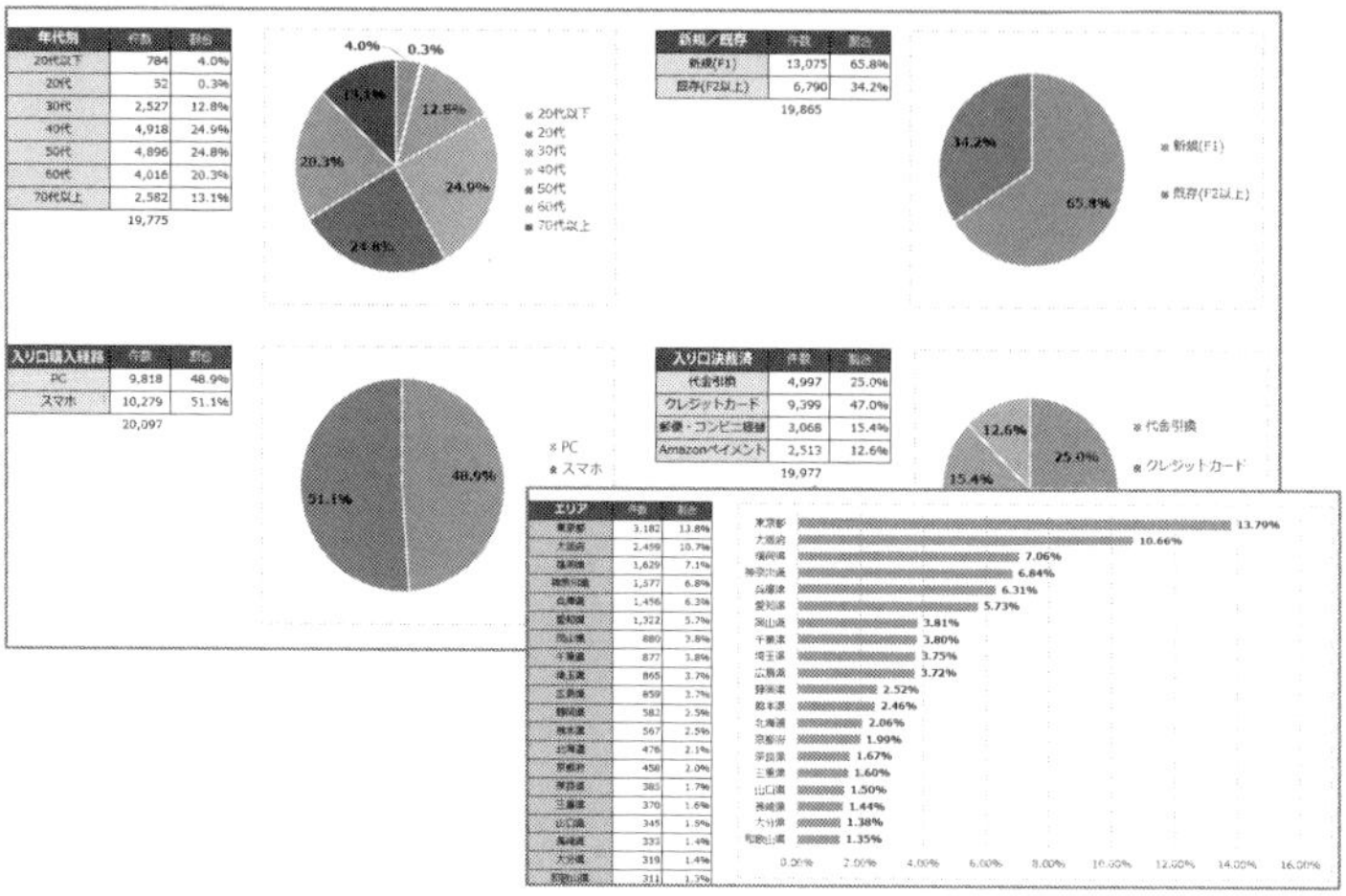

ども顧客を知る上では外せない（図表2-5）。例えば、一般にクレジットカード決済の顧客のほうがリピート率が高いとされているが、はたして、それが自社に当てはまるのか否なのか。決済方法別の集計結果も必ず確認しておきたい。

《ゴールデンルート分析》

顧客軸の分析手法としては、さまざまな購買パターンのなかから、自社にとっての優良顧客がどういった順番で商品を購入しているかをたどる「ゴールデンルート分析」も有効だ（次ページ図表2-6）。どういうルートを通ればLTVの高い優良顧客につながりやすいのかを探り、そのルートにほかの顧客を導いていくといった施策につなげ

図表2-6　ゴールデンルート分析（購買パターン）

	1回目				2回目				3回目		
1	ビジネスシューズD	11,463	12.7%	1	ビジネスシューズA	1,039	9.1%	1	サンダルB	73	7.0%
								2	スニーカーA	66	6.4%
								3	ビジネスシューズC	64	6.2%
								4	その他	235	22.7%
								5	離脱	599	57.7%
				2	スニーカーA	370	3.2%	1	ビジネスシューズA	38	10.3%
								2	サンダルB	24	6.5%
								3	ビジネスシューズE	23	6.2%
								4	その他	81	22.1%
								5	離脱	200	54.9%
				3	サンダルB	366	3.2%	1	ビジネスシューズA	39	10.7%
								2	ビジネスシューズC	30	8.2%
								3	スニーカーA	26	7.1%
								4	その他	69	19.1%
								5	離脱	201	54.9%
				4	その他	2,212	19.3%				
				5	離脱	7,467	65.1%				

ることができる。
ゴールデンルート分析手法を使えば、顧客が優良顧客に育つきっかけとなった商品や購買パターンをつかみやすい。その結果をもとに、直前の顧客セグメントに対して、おすすめ商品をお知らせするといった施策を打って、新たな優良顧客育成を図ろう。優良顧客への成功パターンの一つ前を見て、「逆算」の施策を打つのである。この「逆算の発想」はぜひ実践したい。

《併売分析（バスケット分析）》

頻繁に購入される「商品の組み合わせ」を見つける「併売分析（バスケット分析）」もよく用いられる商品軸の分析手法だ。買い物かご一つを単位として、どの商品とどの商品が一緒に買われたかを調べ、傾向を見出していく手法である（次ページ図表2-7）。

買い合わせる商品の組み合わせは、性別や年代によって変わってくる。分析の際には、日頃からよく売れている商品を対象にすると、傾向がつかみづらくなるため、何をバスケット分析の対象にするかの見極めも重要だ。

以上、取り上げてきたマーケティングにおける分析手法はいずれも基本的なものであり、

図表2-7　バスケット分析/相関ルール分析

No	相関ルール（人／%）							同時数	支持度（%）	確信度（%）	リフト値
	条件部（商品A）	件数	割合		帰結部（商品B）	件数	割合				
1	スニーカーD	7,740	8.6	⇒	スニーカーC	7,825	8.7	1,604	1.8	20.7	2.39
2	ビジネスシューズA	11,308	12.6	⇒	ビジネスシューズD	11,463	12.7	2,970	3.3	26.3	2.06
3	ビジネスシューズF	10,390	11.5	⇒	ビジネスシューズB	10,457	11.6	1,550	1.7	14.9	1.29

条件部、帰結部：商品A（条件部）から見て同時に購入されやすい商品B（帰結部）。帰結部の商品をすすめると購入されやすいと予想できる。

同時数：商品Aと商品Bの両方を購入したことがある顧客の数。

支持度：全顧客のなかで商品Aと商品Bの両方を購入した顧客の割合。そのルールの汎用度を表す。両方買う人が全体のなかである程度の割合があれば、そのルールを適用する価値がある。

確信度：商品Aを買った顧客が一緒に商品Bを購入した割合。そのルールの信頼度を表す。高ければ高いほど、そのルールを適用する効果が期待できる。

リフト値：全体のなかで商品Bを購入した人の割合に対して、商品Aを購入した人のなかで商品Bを購入した人の割合が何倍かを示す指標。商品Aを買っていると、どれだけ商品Bを買う確率が高いかを示す。

図表2-8　マーケティングのためのデータ分析手法　まとめ

分析手法	概要と狙い
デシル分析	全顧客を購買金額の大きい順に10等分し、各ランク（デシル1-10）の売上高構成比などから、全体売上高への貢献度を見る。 自社にとっての優良顧客層を特定し、そこに集中して、効率的なマーケティング施策を展開する。
RFM分析	最終購買日（Recency）、購買頻度（Frequency）、購買金額（Monetary）の3つの指標の組み合わせにより、顧客層の分布を把握した上で、顧客をセグメントする。 セグメントの特性に合った対応方針、施策等を定めるとともに、分布の動態を定点的に確認することで、施策の効果検証などに利用する。
LTV分析	自社商品・サービスに対して、顧客が生涯に使用する金額の合計である「顧客生涯価値」＝“Life Time Value”から、長期的に継続購入・利用する顧客の状況と売上貢献度を見る。 例えば、新規顧客獲得のために掛けるべき広告費の算出などに使用する。 継続率が重視されるサブスクリプションのビジネスモデルにも有効である。
引き上げ分析	商品を購入した顧客が、一定期間において、次に商品を再購入した割合を見る。 自社商品の消費サイクル、また、再購入に至らなかった割合や顧客の特性（離脱状況）を把握し、再購入をおすすめするタイミングなどを特定する。
ゴールデンルート分析	優良顧客が初回に購入した商品や、異なる商品を購入しているルート（対象商品、順番）のパターンを見つける。 他の顧客をそのルートに導くことで、優良顧客化を狙う。
バスケット分析	頻繁に購入される「商品の組み合わせ」を見つける。 特定の商品を購入したお客さまに、おすすめすべき商品を特定する。

歴史があり、効果も実証されている（57ページ図表2－8）。

例えば、ＲＦＭ分析は、ＣＲＭという言葉の誕生とほぼ同時に編み出され、通販ビジネスが生まれたとされる1990年代にはすでに用いられていた。歴史としては30年近く経過していることになる。いまや世界中の航空会社が導入しているフリクエンシープログラムは、このＲＦＭ分析を活用した施策の代表例だ。いまでも顧客ランク分析の超スタンダードといっていい。

これらの分析手法が重要であることはいまも変わりはないが、それだけでは顧客を実感するには不十分であることもまた事実である。デジタルの時代だからこそ、顧客が受け取った体験価値を測ることまで実践したい。そこでは、オンライン、オフラインでの「個客」の動きをより詳細に見たり、購買に至るまでの行動理由や、背景にある感情の変化まで見ていくことが求められる。

ＭＡによるデジタル化がマーケターにもたらした恩恵

デジタルシフトの波が産業界を揺り動かし、激震を起こしていることについてここまで説明してきたが、こうした動きはマーケターにも数々の恩恵をもたらしている。デジタルシフトの影響でマーケティングは転換期を迎え、進化するデジタルテクノロジーがマーケティングの変革を後押しし、さまざまなマーケティングツールを生み出した。

すでに多くの企業においてマーケティングツールが導入され、これまで人力で行われてきた作業の自動化が進んでいる。前項で取り上げた手法の多くが、自動的に分析可能になっている。一つひとつ手作業でデータを集計するしかなかった時代と比べると、隔世の感がある。

とりわけ、マーケティングの効率化に貢献しているのがＭＡ（マーケティング・オートメーション）だ。これまで人手をかけて行わざるを得なかった定型的なデータ処理業務から、「集客」や「販売促進」「顧客管理」など顧客の維持や開拓のために必要なマーケティング活動を自動化しその効果を可視化するＭＡツールは、マーケティング担当者に本来の「考える時間」を創出し、マーケティングの成果を高めていく上で不可欠なＰＤＣＡを効果的に回す役割を担うものである。

ＭＡを使えば、これまでバラバラに管理されていた顧客情報も統合しやすくなる。特定のＤＭや広告に反応し、かつ販促メールに反応した顧客への再度のアプローチや、購買に至ってはいないながらもＷｅｂサイトを頻繁に訪れている顧客に対する販促策、顧客の心を動かす気の利いた施策なども効率的に行える。

カゴ落ち防止策を例に挙げてみよう。カゴ落ち防止策とは、カートに商品を入れたまま

Webサイトを離脱する顧客がいた場合、「買い忘れがありますよ」と自動的に知らせる、あるいは、商品を買った何日か後に「買い忘れはありませんか」というリマインドメールを自動的に配信する施策だ。

こうした施策は、MA登場以前は手作業で、毎回毎回、対象者のリストを作り、その都度送るメールの内容を作成するしか術がなかったが、MAを使えばこれまでの煩わしい手間は一気に軽減される。カゴ落ちメールの効果は侮れない。一度は買おうかどうか迷っていた商品だ。購入意欲がそれなりに高い商品を再度すすめられれば、そこで買おうと思っていたことを思い出し、購入意欲がよみがえり、商品購入につながる可能性は低くない。事実、通常のメルマガと比べて、購入率やクリック率は6倍～10倍も高いとされている。この機能に特化したMAも多数開発されている所以である。

日ごとに対象者が変化するステップメールもMAツールによる自動化によって、実行が容易になった。メールマーケティングの代表的な施策の一つであるステップメールは、無料会員登録や商品の購入など「特定のアクション」を実行した顧客に対し、アクションを起点としたスケジュールに沿って、あらかじめ準備したメールを自動配信する手法であり、メールマーケティングの王道だ。一回にメールを送る人数は少ないが、顧客に喜ばれるタイミングに合わせてリアルタイムでメールを発信できるのは、自動化による恩恵の一つである。

ＭＡと並んでＢＩ（ビジネスインテリジェンス）ツールの導入も進んでいる。ＫＧＩ（詳しくは72ページ）やＫＰＩを出すためのレポートなどは、ＢＩで作業を効率化、自動化すれば大幅に手間が省けるからだ。

ＭＡがマーケティング活動の自動化や効率化のための仕組みであるのに対して、ＢＩはデータの収集・蓄積・分析を効率的に実施して経営の意思決定に役立てるための仕組みである。両者の目的や使われ方は異なるが、どちらも効率化、自動化によって担当者の負担を大幅に軽減している。

こうしたツールを導入する前の非効率な状態と比べると、その恩恵は計り知れず、デジタル化社会の到来で、マーケターが成果を出しやすくなったことは間違いない。

データの統合だけが目的になっているケース

しかし、デジタル化が進んでいるからこそ顕在化してきた問題もある。成果を得やすくなった一方で、弊害も目立ち始めている。

最初に挙げられるのは、データの統合が目的化しているという問題だ。本来の目的の議論を横に置き、まずは「データの統合ありき」に陥りそこから先に進めないケースが多いのだ。

企業がＭＡの導入を思い立つ際には、目的とする施策をベースに考える。だが、いざＭＡを導入する段になると、急にデータの統合だけにフォーカスしてＭＡ導入を進めてしまいがちだ。自分たちはどのようなデータを持っていて、どのデータをどのような目的で活用するのか。また、「データの癖」ともいえる、元システムの違いに起因するデータの持ち方や形式、フォーマットの違いなど、詳細な検証を行うことなく、まずはデータ統合に突き進む。

そのような進め方をすると、結果的にデータが統合されても、やりたいことができない、多様な条件から顧客情報を抽出しようとしたとき抽出がうまくいかない、という事態に直面してしまう。

データを統合すればなんとかなる、という発想に陥りやすいのは、一つには「統合」の定義の曖昧さもあるかもしれない。「統合」という言葉からは、あたかも別々の箱に入っていたものを一つの箱に入れさえすれば、データが一体化してできあがり、というイメージが強いが、実際にはそうはいかない。

特に日本の企業においては自分たちの仕事のやり方に合わせてシステムを構築するのが一般的で、このことが「データの癖」を生む背景の一つとなっている。

見かけ上の統合しやすさだけで進めてしまうと、この「データの癖」が災いして、やりたい施策がかなわなくなるから注意が必要だ。

強弱の違いはあっても、こうした「データの癖」はどこの会社にも存在する。新たにシステムを導入するのであれば、事前に既存のデータについてシステム会社に確認してもらうなど慎重に進める必要がある。やろうとしていることがすべてできるとは限らない。できないことがあるかもしれない。そうした見極めが大切だ。

例えば、顧客が注文を入れた後にキャンセルや返品をした場合、本来なら、キャンセルや返品があった時点で注文の実績から消されなければならないが、それが上書きされないといったことが往々にしてあり、困った問題が発生する。キャンセルや返品した顧客にはメールを送りたくないのに、データ上、注文を受けたことになっているため、自動的にメールが送られてしまうといった話を耳にすることも多い。

キャンセルしたはずなのに「お買い上げありがとうございます」というメールが届いたら、顧客にどう思われるだろう。負の顧客体験になってしまう。無視されるならまだしも、不快感を持たれ、企業やブランドに反感を抱かせてしまうリスクもある。

それではまずいからと、お礼メール自体を取りやめにすることになれば、まさに本末転倒の話になってしまう。

MAを検討するにあたっては、まずはデータを統合した後に自分たちがやるべきこと、やりたいことをしっかり整理しよう。そして優先順位をつけていく。その結果を前提にしてデータ統合を進めていくのである。

それぞれに顧客ＩＤが振ってあったとしても、必ずしもデータ統合できるとは限らない。また、データ統合ができたからといって、それでどんな条件であってもターゲティングができると考えるのは早計だ。

ＭＡを使う動機や目的は、もともとは「データの統合」ではなかったはずだ。その前に手掛けたい分析ややってみたい施策があって、それを実現するための前提としてデータ統合がある。具体的なデータ活用を前提としてデータ統合を考えていきたい。

データ抽出まで想定したシステム構築が肝

具体的なデータ分析を考える際、ポイントになるのは、そのために必要となるデータ抽出が実際にできるかどうかである。もし想定している抽出条件があるのなら、実際のデータ項目を掛け合わせて、そうした条件設定ができるのかチェックするプロセスが必要だ。

まずは、統合した後にどのようなデータ抽出が必要になるか具体的に書き出してみるといいだろう。うまくできないとした場合の代替案についてもシステム会社に尋ねるといい。それこそが、システム導入の期待と実態をマネジメントするということである。

往々にしてMAの導入自体が目的になっていると、導入後こうした課題が解決されないまま、放置されてしまうことになりがちである。こうしたツールの利用料は年間契約になっていることが多い。ダメならダメで1年間お金をドブに捨ててもいいという覚悟を決めているならいいが、そんな会社はないだろう。

ちなみに、情報システム部門が介在したほうが、いま挙げたようなシステムの選択ミスや、データ統合したけれどデータ抽出が思うように進まないといったリスクは軽減されるだろう。「このデータファイルとこのデータファイルはくっつきようがない」ということを実体験としてよくわかっているからだ。

改めて、データの活用に成功している企業の共通点としては、実施したい分析や施策の優先順位を設定し、目的から逆算して段階的に統合を進めていることといえる。

データ統合はまず「目的ありき」だ。そして、目的に対してしっかりと優先順位をつけて、着実にステップバイステップで進めていくことである。

自動化の行き過ぎ　施策のマネジメントが効かない状態

データの統合が無事に成功したとしても、そこから先に別の問題が発生するケースもある。

施策のマネジメントが効かなくなるという問題だ。

ＭＡは２０１４年頃から普及し始め、導入する企業が加速度的に増えてきたが、その結果、顧客へのプッシュ過多という現象が起きている。さまざまな施策が自動的に動いていった結果、施策がマネジメントできなくなり、結果として一人の顧客にメルマガなどのプッシュを大量に行ってしまうケースが頻発している。

ＭＡを駆使してシナリオを組み、顧客にメールを自動配信する施策を構築したとしよう。例えば30代の女性で商品を購入してくれた3日後にメールを送り、開封していない人には別のメールを送って、それでもメールを見てくれない場合にはＬＩＮＥやＤＭを直接送るといったように、分岐のある「シナリオ１」を作ると、このシナリオに沿って、施策は自動的に流れていく。

このシナリオとは別に、新たなシナリオを考えたとする。サイトを訪れてくれたのに個別商品ページまで至らなかった人に、商品をおすすめするための「シナリオ２」だ。さらに、ある商品のページを見てくれたのに最終的に購入しなかった人に購入を促すための「シナリオ３」を実行に移した場合、結果として、シナリオ１～３のすべてに同じ人物が入っているということが起こり得る。

シナリオ単体で見れば同じ人物は入っていない。重複はしていないが、シナリオ１～３を

図表2-9　MAによるシナリオ化の弊害

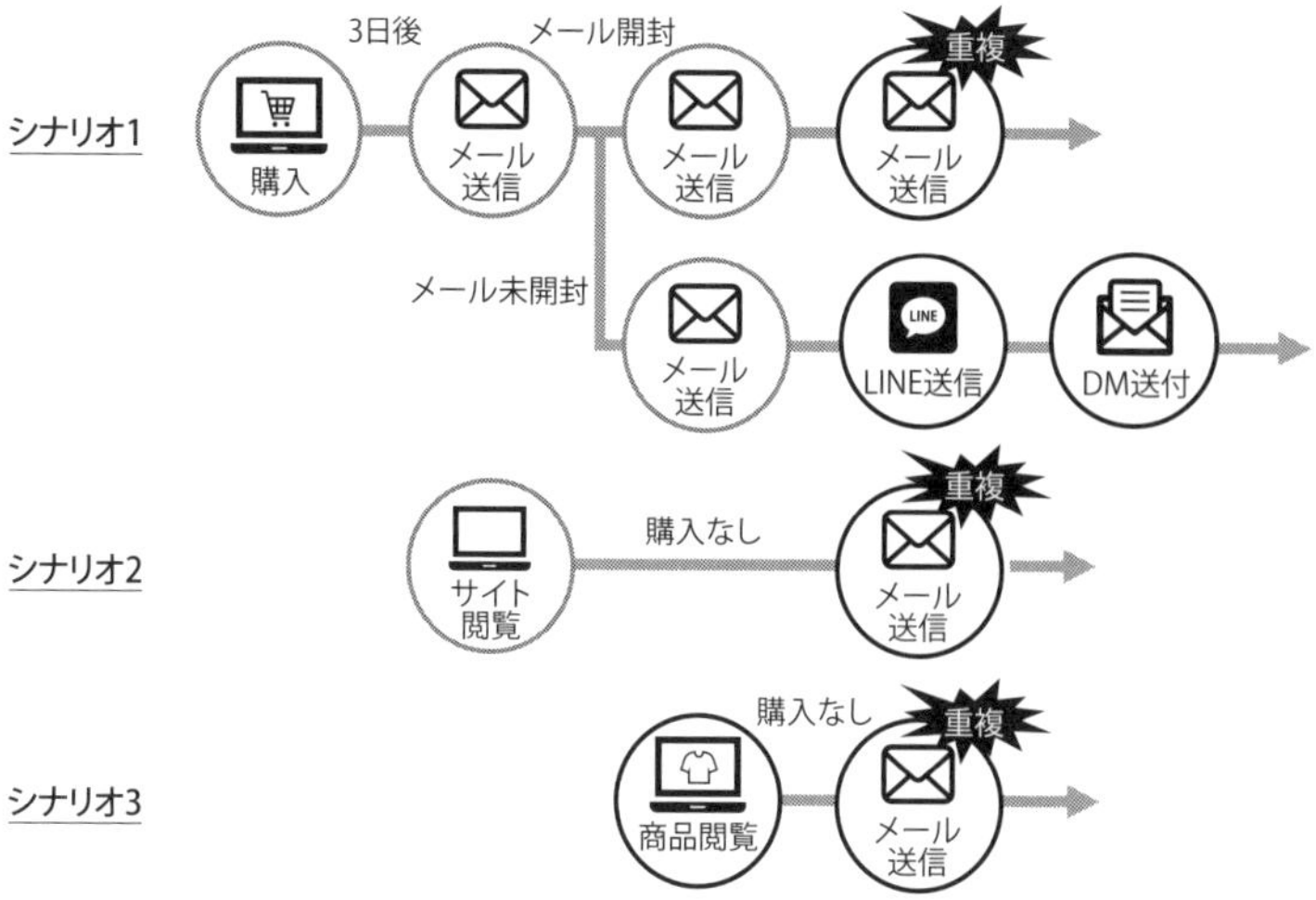

同時に実行すると、ある人物にほぼ同じタイミングで複数の案内メールが送られてしまうといった事態になる。これがマネジメントの効いていない状態である（図表2-9）。

シナリオを組むこと自体は悪いことではない。シナリオに沿って自動的に施策を打つことは、これまでは不可能だった。それがMAによって実現されたということは、マーケティングの大きな進歩である。

そもそも、コミュニケーションの内容・手段を変えながら顧客に1to1で情報を届けて、上質な顧客体験を提供し、顧客に選ばれる存在になるというのが本来の目的だったはずだ。それなのに、あるところを輪切りにしてみると、同じ人物に複数のメールが一斉に送られてしまっている。この顧客からすれば、迷惑以外の何ものでもない。本来なら、店やブランドのファンになってもらうための施策が、逆に嫌われるための施策になっているわけだ。

こうした事態が続くとどうなるか。顧客からすれば、配信されるメールは「また来たか」と思われる程度の価値しかない。ゴミ箱に捨てられ、ほったらかし。メルマガの解約といった具体的なアクションにも至らないため、企業側はこうした「離反」状態を明確に把握することすらできていない状態になる。

ＭＡが行き過ぎると、施策の重なりが起きてしまう。しかし一人ひとりの顧客に対してすべての情報が紐付いていれば、その人にいつどのメールを送っているかを把握できるため、こうした事態を回避しやすくなる。

以上のようにデータの抽出まで考慮せずにデータ統合を進めると、こうした事態が避けられなくなるのである。

必要なのは引き算の勇気

一人の顧客に大量の案内が一気に届く。まるでいやがらせとしか思えないような施策の重なりが起きていたとしても、ほとんどの会社では事態を把握できていない。

何もプラスの効果が得られないばかりか、逆にマイナス効果を与えてしまう事態を回避するには、一人の顧客へのコミュニケーション数を制限する方法が一番効果的だ。一人ひとりに対するコミュニケーションのボリュームを把握すること。そして何より不要なシナリオを組み立てるのをやめることだ。

「下手な鉄砲も数撃ちゃ当たる」という考えから離れて、施策一つひとつの良し悪しをしっかりと見極めることが重要だが、実際には施策をやめるという判断はそう簡単ではない。施策の数を減らすイコール売上を落とすことにつながる、とマーケターは考えてしまうからだ。

MAによってシナリオは自動実行されているため、現在は施策の実行自体にはほとんど手がかかっていない。1回セッティングすればあとはシナリオ通りに施策が進んでいく。そうすると、大きな問題はなく、施策がそれなりに回っているように思える。

あるいは施策のKPIだけを追いかけてしまうと、成果の伸びが鈍っているように感じられ、新たな施策を打ちたくなる。施策の実行にはさして手間がかからないため、ハードルが低いのだ。

その結果、施策がどんどん積み上がり、一人の顧客に多数のコミュニケーション施策が一斉に実施されるといった事態がさらに進んでいく。簡単に自動化できるゆえのデメリットだ。

ここで必要なのは、やめるという判断だ。「引き算」の勇気はＫＰＩを見ただけでは生まれてこない。結果の中身を見て、狙い通りだったのか否かを見定めて、不要なものを減らしていくことだ。適切なコミュニケーション量にコントロールするマネジメントが不可欠である。

部分最適がブラックボックス化を招く

施策のマネジメントが効かなくなると、中身が見えなくなる、いわゆる「ブラックボックス化」が起きやすくなる。施策を自動化できるため、意識してコントロールしなければ、今日、どんな施策が誰にどのように送られているのか、実際、その施策に反応してくれたのはどんな人だったのかが見えづらくなるのである。

これはいってみれば、ＰＤＣＡの「Ｄ」だけが自走している状態だ。施策の結果を振り返り、反芻するプロセスがなければ、表面的にはそう見えていなくても、ＰＤＣＡが回っているとはいえない。

本来の目的である顧客を知ることが後回しにされがちになっているのは深刻な問題だ。効率的に集計を済ませ、結果の数字を見ているだけでは、顧客を深く知ることは難しい。どの施策がどんな成果を出したのか、どのポイントが顧客にささって成果に結びついたのかを振り返らなければ次につなげようがない。

本来は、施策までのプロセスを容易にすることで、施策の結果をしっかり評価し、次の仮説へと導いていく有効なツールとして、MAは導入されたはずだが、いつのまにか自動化することだけが目的として独り歩きしている。部分的には成功に見えるかもしれないが、自動化することで本来やりたかったことが、どこかへ追いやられている状況だ。

MAを導入するだけでマーケティング活動が円滑に進み、成果を上げられるわけではない。新規顧客の開拓も、見込み顧客の育成も、継続顧客の確保も、MAを導入してからが勝負だ。次項で述べるKGI、KPIなどの変化を見ながら、顧客に対して適切なコミュニケーションを適切なタイミングで実施していく工程をブラッシュアップしていかなければならない。

だが、現実には導入したその時点で、力尽きてしまったような印象を受ける事例が多数報告されている。MAの導入までが目的になっていて、動く状態までなんとかこぎつけたら、そこで終わり。実際の効果的な施策には至っていない。

さらに、ブラックボックス化はノウハウが社内に蓄積されなくなるという問題もはらんでいる。蓄積されなければ共有もできない。共有できなければ、再び属人的な業務に逆戻りしてしまう。ノウハウを蓄積し共有していくためにも、施策のマネジメントを低下させてはいけない。

ＫＰＩ偏重による弊害が生じている

行き過ぎた自動化によるブラックボックス化と並んで、マーケティング部署が直面している大きな問題がＫＰＩ偏重による弊害だ。

デジタルテクノロジーの進展により、データの統合が進み、これまで人力で行ってきたデータ集計作業の自動化が可能になった。マーケティング部門に与えたメリットは計り知れないが、それが行き過ぎたＫＧＩやＫＰＩの管理につながっている。

日頃から、ＫＧＩやＫＰＩを使いこなしている方にはいうまでもないが、ＫＧＩとはKey Goal Indicatorの略。重要目標達成指標とも呼ばれている。ビジネスの最終目標を定量的に設定し、評価するための指標であり、企業や組織、チーム、個人が目標を掲げて活動するときに、目標が達成されているかを見るために用いられる。

一方、ＫＰＩはKey Performance Indicatorの略だ。ＫＧＩを達成するための各プロセスを定量的に評価するための指標であり、重要業績評価指標と呼ばれている。ＫＧＩがビジネスゴールを定量的に示した「結果」を見るための指標であるのに対し、ＫＰＩはＫＧＩ達成までの「過程」を見るための指標である。

こうした指標を使うメリットは、目標や過程を曖昧なままにせず、誰にでもわかるようにその状態を可視化することで、組織や部署、チームのメンバーが目標を共有しながら、効果的にビジネスゴールを目指すことができる点にある。ＫＰＩが明確であれば、現時点での目標達成度が明らかになるため、ＫＧＩ達成までに何をどれぐらい実行していけばいいのかを把握しやすくなる。優先順位が明確になり、モチベーションが上がるという効果も期待できる。チェックするポイントが増やせるようになったのはまぎれもなくＫＰＩの効果だ。

ＫＰＩが多用されている理由はそこにある。

ＫＰＩのモニタリング　デジタル化の恩恵の一つだが

ＫＧＩで共通の目標を決め、それをＫＰＩで細分化していく。大きな事業目標としてＫＧＩを設定し、そのために必要な中間目標としてＫＰＩを定義する。こうした仕事の進め方が可能になったのは、いろいろなことがデータ化され、簡単に数値化できるようになったからだ。すべてがデジタル化された社会の恩恵であることはいうまでもない。

「顧客満足度を上げよう」「売上を上げよう」と掛け声をかけたところで、その中身が抽象的では、何からどのように手をつけ、進めていけばいいのかわからない。だが、顧客満足度向上を示す数値としてリピート率や客単価に目を向け、半年後までにリピート購入率を現状から10％アップする、あるいは客単価を10％アップする、という具体的なＫＰＩを設定すれば、そのために必要な道筋がおのずと浮かび上がってくる。達成状況の途中経過も数値ではっきりと表されるため、残された期間で何をすべきか、何を重点的に進めればいいのかが考えやすい。

このように、明確な数値を見ながら判断し、具体的なアクションを取れるようになったのは、デジタル化の大きな恩恵といえるだろう。第1章の「マーケティング１・０」のくだり（15〜16ページ）で述べたような、スプレー&プレイ（大量に施策を行ってあとは当たるのを祈る）が当たり前だった時代と比べると飛躍的な進化だ。

設定されたＫＧＩ・ＫＰＩの指標をモニタリングしながらやるべきことを実施して、ＰＤＣＡを回していく。こうしたサイクルは企業のマーケティング担当者だけでなく、現代におけるビジネスパーソンの頭の中に、まるで呪文のように深く刷り込まれている。

しかし、ここでいったん立ち止まって振り返ってみてほしい。チェックすべきＫＰＩは、本当にすべて重要なものなのだろうか。気がつくと、日々、ひたすらデータを処理することに追われていないだろうか。そのあとのＰＤＣＡは、効果的に回っているだろうか。

ＫＰＩ偏重の弊害１　レポート作成に追われる羽目に

ＫＰＩ偏重による弊害の第一は、社内レポート作成の負担増だ。社内に向けたレポートの作成に時間を取られ、マーケターが本来の役割である効果的な施策の立案や実行に割く時間が取れなくなっている。

ＫＰＩは重要業績評価指標であり、本来であれば、見るべき「重要」な指標に限定されるべきである。増えすぎた指標はもう「Ｋｅｙ」ではない。ところが、気がつけばあれもこれもチェックしたいと、見なければならない指標が増えすぎて、どれもが消化不良で終わっている。多くの会社から、「ＫＰＩを算出するのが大変だ」という悲鳴にも似た声が漏れている。

マーケティング部門での「よくある」ケースは以下のようなものだ。

いろいろな企画を進めるなかで、多様なＫＧＩ・ＫＰＩをチェックすることが必要になる。そのために、複数のシステムから取得した大量のＣＳＶファイルを加工して、エクセルでＶＬＯＯＫＵＰ関数を組み、データを集計する。さらに、複雑な数式やマクロを組み、体裁を整えてレポートを作成する――。

注目すべきは、このとき、そもそものＫＰＩの妥当性を見直したり、不要なＫＰＩを取り除いたりといった振り返りがほとんど行われていないことだろう。

これにはいくつかの理由が見られる。ＫＰＩを検証するためにはいろいろな部署の協力を得る必要があるものの、セクショナリズムが壁になり、スムーズに運ばないケースがある。あるいは、現場においてＫＰＩを算出する手間が膨大で、人員が足りず、担当者が作業に追われて、振り返りの時間を持てないというケースも見られる。

こうした状態が定常化すると、本来の目的であるＫＰＩを見ながら施策を改善し、施策の効果を高めていくというＰＤＣＡが機能しなくなっていくのである。

「データを見たその先」に問題があったＡ社

ここで、過度のＫＰＩによって振り回されたＡ社の例を紹介しよう。

この会社では、マーケティング部に施策を考える外部のコンサルタントが入り、「この数字がほしい」といったコンサルタントの指示を受けて担当者は日々、作業に追われていた。その数字を出すことの負荷がまったく考慮されていないため、担当者は疲労困憊しきっていた。

なぜ、そんなことが起きているのかといえば、最初に設定したＫＰＩが多すぎたからだ。商品ごとに継続率や新規ユーザー数など複数のＫＰＩを見ようとすることで、出力する図表は1000パターンにも及んだ。しかしながら、なんとか1000パターンを出したとしても、今度は、それを読み取る時間がまったくない。どう考えても、データをもとに次のアクションにつなげることは不可能だ。

結局、1000パターンを出し切るまでは至らず、何度もやり直しが続いていた。しかしながら、意思決定サイドとしては、やり直しを続けていたらいつまでたっても先には進めない。どこかのタイミングで決める必要がある。「本当はもう少し、この数字をしっかりと見たいのだけれど」と思いつつ、時間的な余裕がないため、最終的には「えいや！」で決断せざるを得なかった。そうした弱い根拠に基づく判断で効果的な企画や施策を打ち出せるはずがない。結果は火を見るより明らかだ。

このようにKPIの管理が行き過ぎると、成果どころか逆にマイナスの影響すら出てくる。疲れ果てたマーケティング担当者を辞職に追い込む可能性も否定できない。

ここで必要になるのは、KPIの棚卸しだ。本当にそれだけの数のKPIが必要なのかを振り返るステップだ。と同時に、そもそも集計をやりやすいように仕組みを変えていく必要もあるだろう。これらをセットで進めなければ、徒労に終わる可能性は否定できない。

A社の場合、単品商品を継続的に利用してもらうビジネスモデルをとっていたため、継続率を見たいのは当然だ。数値の上がり下がりを見て、なぜそうなったかの理由をつかみ、パラメータを刺激するような施策を打って上げていく。この流れであれば順当だ。

しかし現実には、「見たその先にどうするのか」について議論が十分にないままに、担当者数人による徹夜作業が毎月繰り返されていた。問題の根源は、ＫＰＩの過多と目的意識の欠如だ。

データに敏感になるのは良いことだが、誤ったＫＰＩ設定で施策をやりっぱなしの状態はまずい。行き過ぎたＫＰＩによる管理は不幸でしかない。

ＫＰＩ偏重の弊害２　顧客が見えなくなっている

ＫＰＩだけに注目しすぎると、もっとも肝心な一人ひとりの顧客像が見えなくなっていく。これが第二の弊害だ。ＫＰＩの算出が目的化し、無駄に時間を奪われていくと、自社の顧客像を明確にして打ち手を考えたり、提供できる価値を磨いていくための「ペルソナ像」の設定がアバウトな状態で放置される。そもそもペルソナ（空想上のより具体的な顧客像）について定義されていないというケースも珍しくない。

繰り返しになるが、マーケティングとは顧客に体験価値を提供することに尽きる。この定義を踏まえれば、ＫＰＩは、体験価値がしっかりと顧客に評価されているのかどうかを把握できる指標でなくてはならない。顧客の態度の変容や、自社が提供する価値を正しく理解してもらっているのかを見極めるための指標であるべきだ。

この視点を失ってしまうと、ＫＰＩ管理は単なる数値管理に終わり、メールの開封率は何％だったのか、クリック率がそのうちどれぐらいを占めていたのかといった結果の数字だけに振り回されることになる。

そうした数字は売上計画から逆算されるものであり、必要なものであることは間違いない。しかしながら、こうして生まれた多数のＫＰＩを一つひとつ達成するためにシナリオが量産されていくと、前述のように、一人ひとりの顧客に対して、毎日大量のコミュニケーションが送られるようになっていく。このとき、もう顧客の顔は見えていない。

ＫＰＩ偏重の弊害３　思考停止が機能不全を招く

最後に挙げるＫＰＩ偏重による弊害が、思考停止による機能不全だ。レポート作成のための作業量が増え、一人ひとりの顧客が見えなくなると、思考停止に陥る。そのデメリットは深刻だ。

施策の成果をじっくりと見る余裕がなくなるので、気づきや発見を得ることもない。振り返りのない、やりっぱなしの状態が続くと、ＰＤＣＡが回らなくなる。数字を出すことが目的化しているため、Ｄ（実行）はするものの、Ｃ（評価）に至っていないからだ。Ｃをやっていたとしても、中途半端でしかない。結局、ＤとＣの間をうろうろしながら、施策をやっては集計をする繰り返しだ。

Ｃが不十分な状態で、社内で経過報告するタイミングを迎えたとしよう。このままで報告を出せば、レポートを見る意思決定者から情報の不足を指摘されるだろう。

そうした事態を避けるために、担当者はなんとかして次にやるべきことの方向性を打ち出そうとする。このとき、残された選択肢はただ一つ。旧来型の勘と経験頼みだ。

長年培われてきた勘と経験はそれなりの精度があり、あながち間違ってはいないので、本来であればそこにデータによる裏付けを組み合わせるのがあるべき姿である。良い循環を生み出していくはずだ。

だが、現実はそうではない。データに基づく意思決定ができず、誰かが作ったＫＰＩをひたすらおまじないのように追いかける事態に陥っている。

施策を打たなければ売上は上がらないため、ジレンマを抱えながらもマーケティング担当者は力技的に勘と経験任せで施策を実行し、その後はやりっぱなし。これではＰＤＣＡが効果的に回るはずがない。

ＫＰＩの偏重によってレポート作成に追われ、顧客を見失い、思考が停止してＰＤＣＡが回らなくなる――。こうした負のスパイラルにいったん足を踏み入れてしまうと、抜け出すことは難しい。足を踏み入れないようにするには、一人ひとりの顧客を見据え、良質な顧客体験を提供するという本来の目的を追求することが何より大切である。

手段が目的化 恐るべき「サルバナナ」状態

本来の目的や見るべき視点を失ったまま、単なる数値管理に追われてしまう。この状態を私たちは「サルバナナ」と呼んでいる。

「サルバナナ」とは何か。こんな光景をイメージしてほしい。

動物園の檻の中にサルが5匹いた。天井からバナナが下げられ、上からはしごがかけられている。あるサルがはしごを登って、バナナを取ることに成功した。が、その瞬間にスプリンクラーから水が噴出された。バナナを取ろうとすると自動的にスプリンクラーから水が噴き出す仕組みなのだ。

そうか、バナナを取ると水がかかるのか。サルはバナナを取ってはいけないということを学ぶ。

その後、新しく檻に入れられたサルは、バナナを取ろうとすると水がかけられるルールを知らない。しかしながら、バナナほしさに上に登ろうとすると、元からいたサルから「バナナは取っちゃダメだ」と新入りのサルは叱られる。やがて檻の中のどのサルもバナナを取ろうとはしなくなった。

あるとき、スプリンクラーが取り外された。それでもサルたちはバナナを取ろうとはしない。「バナナは取ってはいけない」ということになっているからだ。これが「サルバナナ」状態である。

この逸話が教えてくれるのは、「ルールには本来、目的がある」ということだ。目的があるからこそ、ルールには意味があり、みなルールを守る。

サルたちもルールの目的を知っていれば、スプリンクラーが取り外された時点で、バナナを手にすることができたはずだが、悲しいことにサルたちのなかにルールの目的を知る者は存在しない。美味しいバナナを手にして食べることができたかもしれないのに、それはもうかなわない。彼らをバナナから遠ざけているのは物理的な制約ではなく、彼らのなかにある「思考停止」だ。

こうした「サルバナナ」状態は、マーケティングの世界でもよく見られる。目的が何かがよくわからないまま、ただ前例を踏襲し、効果があるとされてきた手法をひたすら繰り返してしまうのだ。
ステップメールを例に挙げてみよう。商品が出荷されるタイミングで「出荷しました」のメールを送り、到着後には購入のお礼と感想を尋ねるメールを届け、さらに数日後には、効果を尋ねるメールを配信するパターンが、一般的なステップメールのやり方だ。このように段階を踏んでメールを送る目的は、顧客と継続的にコミュニケーションを取ることで接点を保ち、関係性をつないで再度の購入や別の製品の購入を促す効果を高めることだ。それなりの効果が期待できる手法である。

だが、このステップメールを一度構築した後、何の検証もせずに、同じタイミングでメール配信を繰り返し続けている企業が多い。購入して3日後にはこのメールを送るという手順が決まっていると、そこに疑問も持たずに同じ方法をなぞっている。

「どうして3日目なんですか」と尋ねると、「決めた人と会ったことがないのでわからない」「昔、入っていたコンサルの人が教えてくれたらしい」といった答えが担当者から返ってくる。「効果を検証していますか」「良し悪しを確認したことはありますか」と聞くと、ほとんどがやっていない。

検証しないまま、以前に誰かが決めたルールを守ることにとらわれ、ただひたすら繰り返しているのは、まさに「サルバナナ」状態といえる。

ステップメールの見直しで体験価値を磨いたB社

施策の目的を見直すことで「サルバナナ」状態を脱し、目覚ましい成果を上げた企業の例がある。健康食品を扱うB社だ。同社はステップメールの効果を検証し、自社製品に最適のパターンを見出すことに成功した。

一般的には、ステップメールはおおよそ7ステップ〜9ステップかけて、30日、60日という期間で実施される。当初、B社は計7回のステップメールを配信していた。購入から間を空けずにメールを送ったほうが、定期コースへの申し込みがしやすいと思い込んでいたからだ。

だが、メールごとにその効果を詳細に確認したところ、4回〜5回目のメールでもコンバージョンが高いことが判明した。また、商品到着前でも、メールの内容によってはリピート購入を促せることも明らかになるなど、新たな知見も得られた。

ステップメールは、リピート購入に効果を発揮する手法だが、顧客データとそれに紐付く行動履歴をもとに、さまざまな条件で送信対象をセグメントし、そのセグメントにマッチするメールを送れば、成果を大きく高めることができる。商品購入後に送る「お礼メール」の内容も、顧客をセグメントし、「最終来店から30日以内」「〇〇は買ったが××は買っていない」など、さまざまな軸で細かくメッシュをかければ、より的確で効果的なコミュニケーションが可能になる。

目的をはっきりさせて悪循環から脱却

B社は、ステップメールの検証による成果をはずみにして、マーケティング活動を大きく進化させた。例えば、「前年に父の日のプレゼント需要で購入したが、今年は買わなかった顧客」にメールでアンケートを送るなどピンポイントでの顧客の声収集にも積極的に乗り出している。

これまでのデータをもとに、年齢や性別といった属性だけでなく、どういう悩みを持っているのか、あるいは「父の日のプレゼントに贈りたい」といったマインドも含めて、どの顧客がどの商品をなぜ購入しているのかといった仮説を立てて、顧客への新たなアプローチを進めている。目的が不明瞭のまま作業を繰り返す悪循環から脱し、好循環が回り始めた好例だ。

重要なのは、「これまでやってきたこと」をただ繰り返すのではなく、目的を明確にすること。KPIや業務プロセスについても、現状のままでいいのか、常に疑問を持ち改善を続けることが必要である。

業務プロセスを見直し改善を遂げたC社

もう1社、業務プロセスを見直し、顧客を見つめ直し、求められている体験価値を提供してファン化に成功している事例を紹介しよう。

社内初のBtoC事業を新たにスタートしたC社では、基幹システムからアイテム別の購入実績や引き上げ率など、さまざまなデータを出力し、エクセルで集計して社内レポートを作成していた。が、データ集計には膨大な時間を要し、クラウド型の基幹システムへのアクセスやデータダウンロードに時間がかかることも悩みのタネだったという。

データをまとめるのにかかる時間は1日～2日。最終的にレポートが出来上がって共有されるまでに、さらに数日のタイムラグが生じていた。

顧客に商品を購入してもらった後のフォローアップを行う上で、LTVは重要な指標であるが、これまでC社では基本的なデータ集計作業に追われて、商品カテゴリー別や期間を区切った計測などができない状態だった。

しかし、業務プロセスそのものを全面的に見直すことで、月次作業工数の大幅な削減に成功し、定期の継続率やアイテム別、媒体別の動向、期間を区切ったＬＴＶの計測など、以前はできていなかった指標の確認が可能になった。

さらに、アクティブな顧客の動向や媒体別の動向など、ＬＴＶに関わるサブＫＰＩを設定し、計測することで、施策の精度を高めることが可能になった。こうしてＣ社は長年の課題だった属人化の解消に成功した。月次の作業工数を減らすことで、一人ひとりの顧客をじっくり見るプロセスにウエイトを置くことが可能になり、結果として顧客に提供する体験価値が向上したのである。

体験価値の向上が重要と口を酸っぱくして発破をかけても、そこにかける時間がなければ、絵に描いた餅で終わる。同社が思い切った工数削減に踏み切れたのは、それをやらなければ体験価値向上は不可能だと判断したからだ。自分たちは何を重視するのか、何がゴールなのかを見据えた上での思い切った判断が功を奏したといえるだろう。

Ｃ社の場合、とりわけ細分化したＬＴＶ計測で裏付けを取った結果、根拠のある判断に基づく広告出稿が可能になった。さらに、コールセンターのＬＴＶを拠点ごとにモニタリングし、傾向を見ると、特定の拠点においてクレジットカード決済が少ないことがわかり、「クレジットカード決済の顧客は定期継続率が高いので支払いはクレジットをすすめる」といった提案もできるようになった。拠点ごとに詳細にモニタリングしたからこそ実現した提案だ。これまで感覚に基づいていた提案も、根拠となる数字を見せることでオペレーターの反応が変わったという。

C社はBtoC事業がはじめてということもあり、当初は自分たちにとって何が必要で何が必要でないのかを考えないまま、マーケティングの教科書通りにただただ作業を進め、途方もない作業量が生まれていたが、いまはデータをしっかり確認し検証しながら次の作業へとつなげている。マーケティングの健全化を成し遂げたのだ。

さて、あなたの職場は「サルバナナ」状態に陥ってはいないだろうか。KPIの検証にマンパワーをかけすぎ、顧客を実感できなくなっていないだろうか。顧客を実感できなければ、本来の目的である体験価値の提供がおろそかになる。そうした状態に陥っていないか、ぜひいま一度、振り返っていただきたい。

顧客体験を提供するには「実感」が必要だ

ここで、KPI偏重による弊害をまとめてみよう。

・レポート作成のための作業量が慢性的に増加する

・顧客が見えなくなる
・思考停止により機能不全に陥る

こうした問題を解決するためには何が必要なのか。その答えこそが「実感」だ。マーケティングの機能不全は、顧客を実感することで健全化される。

企業が提供する体験価値のとらえ方は、顧客一人ひとり異なる。異なって当然だ。だからこそ「実感」が必要になる。顧客を実感することなくして、顧客に良い体験価値を提供し続けることはできない。デジタルシフトの時代だからこそ、KPIなどの数値の集計にとどまらず、顧客を衝き動かしている心情や動機、購買理由は何か。数値には表れにくい顧客インサイトに目を向けたい。

繰り返しになるが、いい体験価値を提供するためには、何よりもまず顧客を正しく理解し(分析)、働きかけ(施策)、価値を提供し続けるための仕組み(システムや体制・人材育成)を構築しなければならない。「顧客を理解する」といっても、漠然と理解するだけでは不十分だ。性別や年齢、居住地といった属性や過去の購買履歴だけでなく、行動の裏側にある購買理由や感情、嗜好の理解につとめ、自分たちの顧客像を的確につかみ、長くファンでいてくれている優良顧客とはどういう人たちなのかを具体的に探り、1回限りの購入や利用に終わっている顧客との違いを知る。そうしたプロセスを経た上で、優良顧客を増やすコミュニケーションを設計して仕組み化し、改善を繰り返していく必要がある。

一般に顧客の基本属性や購買履歴をベースにした定量の分析は行いやすい。顧客ランクでセグメントを行い、定量集計で顧客の傾向を把握するといった作業は多くの企業で行われている。

しかし、それだけでは購買の背景にある購買理由や動機を探ることはできない。なぜこの顧客はこの商品を買ったのか、あるいは最終的に買うのをやめたのか。どうしてこの顧客はこの商品とこの商品を合わせて購入したのか。その答えを探るには、個々の顧客と向き合い、「実感」するステージに入っていかなくてはならない。

定量集計と要因分析の間には大きな「壁」がある（図表2-10）。だが、この壁を越えなくては、本当の意味で顧客を実感したとはいえないのだ。顧客の購買に至るまでの行動や感情の変化、悩み、最終的に購買に至る動機といったパーソナルな要素を把握し、ときには顧客自身も気づいていないような本音、いわゆるインサイトを読み解き、実感することが、本当の意味で顧客を「理解する」ということだ。

マーケティングの現場で起きている問題の多くは、この壁を越えられず、実感なきままに、漠然とＰＤＣＡを回していることに起因している。顧客実感が不十分なままでは、次のステップである施策も、その次の仕組み作りもうまく運ばない。

図表2-10　“顧客実感”からの施策アイデアの創出

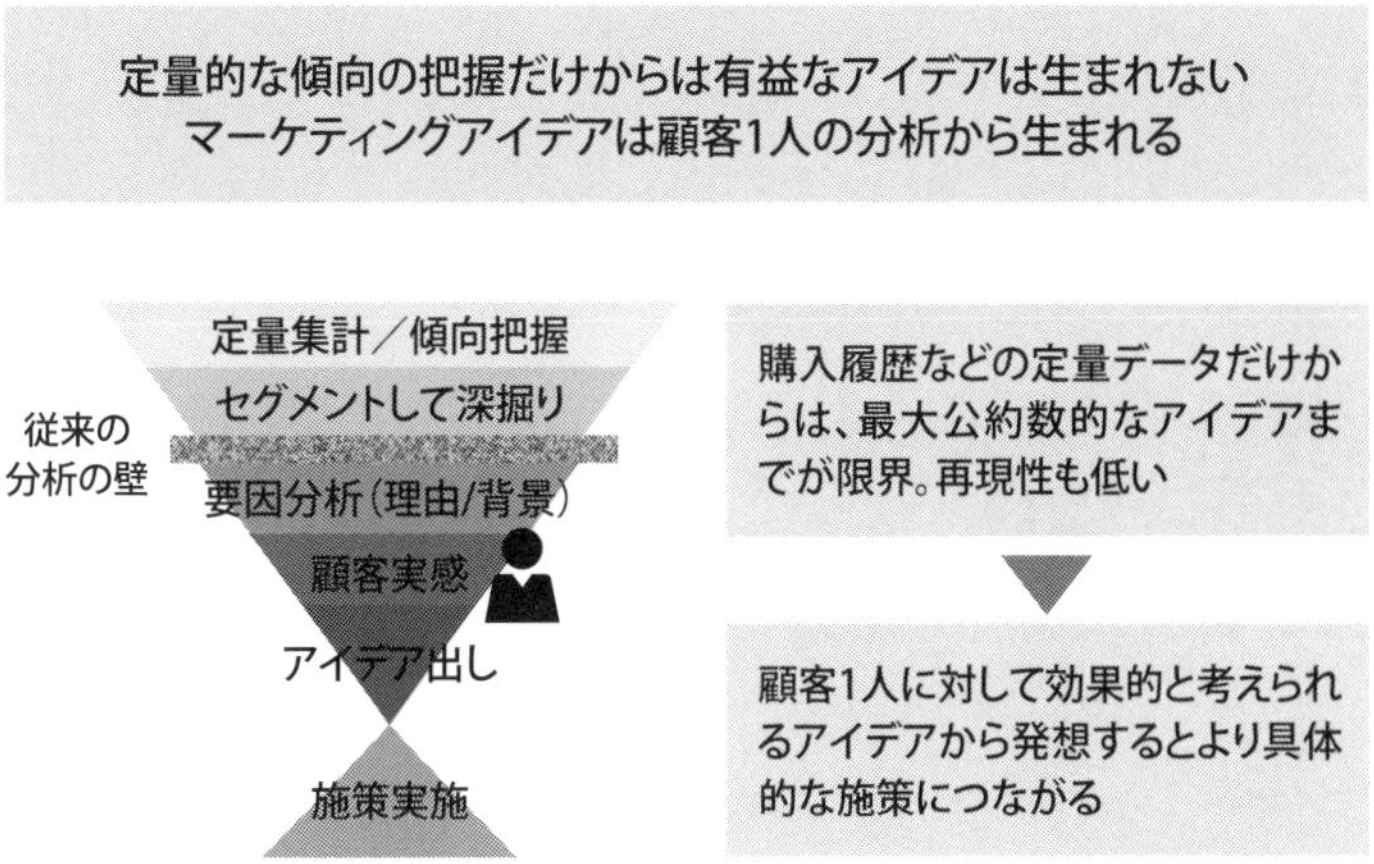
定量的な傾向の把握だけからは有益なアイデアは生まれない
マーケティングアイデアは顧客1人の分析から生まれる
定量集計／傾向把握
セグメントして深掘り
従来の分析の壁
要因分析（理由/背景）
顧客実感
アイデア出し
施策実施
購入履歴などの定量データだけからは、最大公約数的なアイデアまでが限界。再現性も低い
顧客1人に対して効果的と考えられるアイデアから発想するとより具体的な施策につながる

デジタルシフトの時代にあって、企業は定量分析を容易に行えるようになった。便利で効率的なＭＡツールも多い。だが、それゆえにいつのまにかＫＰＩの追求ばかりに意識がいき、肝心の体験価値の向上が後回しになっているケースが多い。

はたして自分たちは本当に一人ひとりの顧客を実感できているのか。デジタルシフトの時代だからこそ、この原点に立ち返り、実感をもとに顧客に独自の価値を提供していく覚悟と行動が必要だ。顧客に提供する体験価値を低下させてはいけない。いまこそ顧客を実感して体験価値を高めることを目指そう。

実感マーケティングの考え方や具体的な進め方については第3章以降で解説していく。

第3章

実感とは何か

——実感マーケティングの考え方

実感とは何か

ここまで何度も実感という言葉を用いて、一人の顧客を深く知るマーケティングの重要性について触れてきたが、改めて、実感とは何かを考えてみたい。

辞書をひもとけば、「実感」とは「実際に事物・情景に接したときに得られる感じ」ということになるが、私たちは顧客の個人的・主観的な体験価値をとらえることを実感と考えている。KPIばかりを追いかけてしまうと、輪切りになった顧客像しか見えなくなる。顧客が見えているように感じるが、それは一部の姿でしかなく、一人ひとりの顧客の全体像を把握することは難しい。その結果、顧客に提供する体験価値が低下してしまうのである。

KPIで見えるのは設定したシナリオ通り、もしくは施策通りに動く顧客だ。いったんシナリオから離脱した顧客や、突然現れて購入してはまた消えてしまう顧客の体験価値をつかむことはできない（図表3-1）。顧客はこちらが設定したシナリオ通りに動いてくれるとは限らず、むしろ、予期せぬ動きをする顧客のほうが多い。想定外の動きをする顧客も含めて、顧客の体験価値を推定するために必要なのが「実感」だ。

マーケティングにおける「実感」を一番イメージしやすいのが、店頭での接客だろう。

図表3-1　顧客を平均化するKPIからは、個人的・主観的な体験価値はとらえきれない

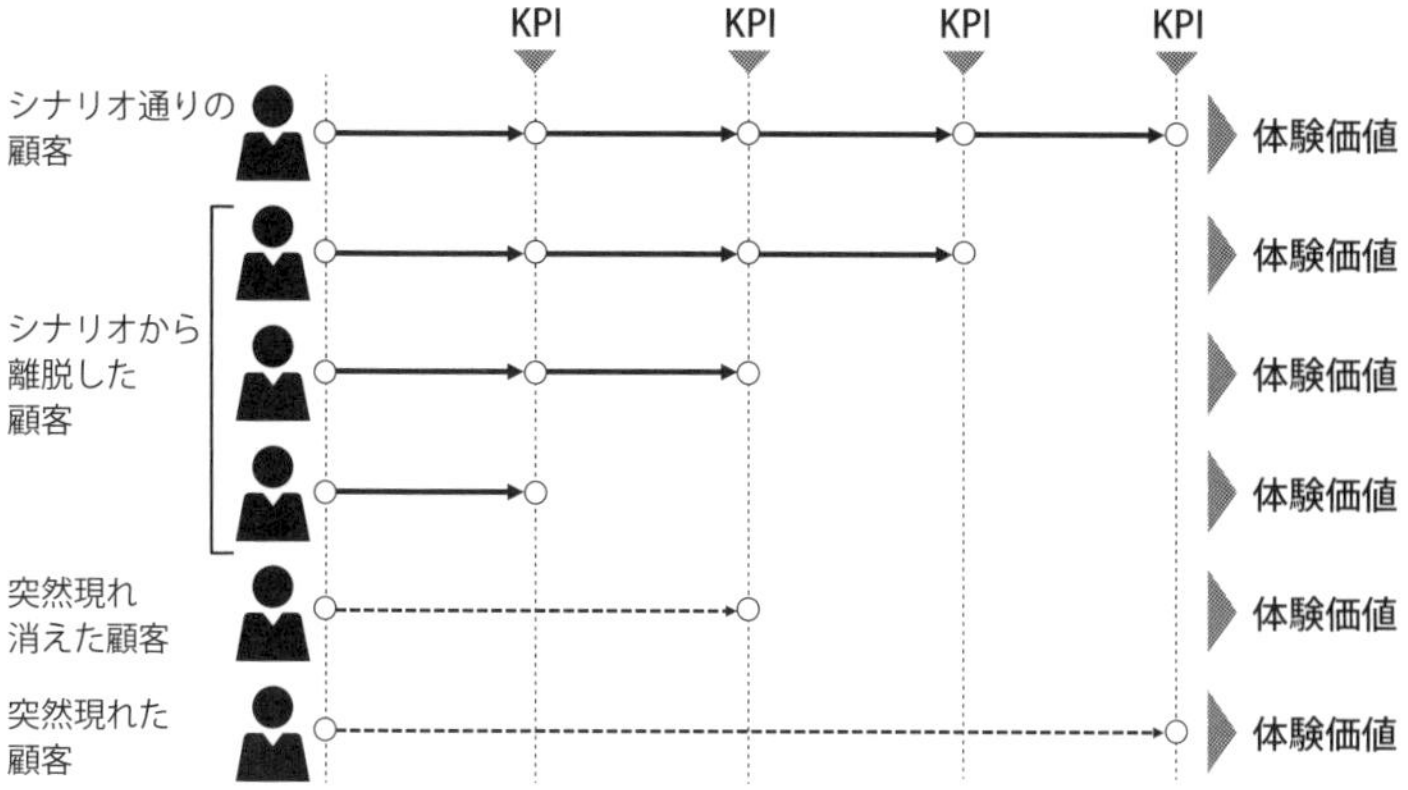

リアルの店舗では、販売員は顧客の顔や言葉、反応を見ながら接客を行っている。アパレルの店であれば、顧客の行動や表情をウォッチしながら、「どんな洋服を探しているのか」「どのタイプの服を手に取ったのか」「試着したそうか」などを見て接客し、購入へと導いていく。

自分がすすめた服を気に入ってくれたのか、はたして喜んでもらえているのか、ほかに関心を示している洋服はないか。また来店してもらえそうか。顧客の興味や関心、心理状態を見ながら声をかけ、そのときに得られる実感をもとに、次の手を打ち出し、さらにその反応を見ながら接客を行い、商品やサービスを購入してもらう。そして、顧客を店やブランドのファンに育てていく。これができるのは間違いなく優秀な販売員であり、マーケターだ。

優秀な販売員は、目の前に立っているただ一人の顧客から得られる反応を踏まえて行動する。その顧客を理解しようとつとめ、その上で商品の紹介や試着の案内などの施策を講じ、それにどう反応するかに最大限の注意を払って次の施策を繰り広げる。この行動のベースにあるのが実感だ。

顧客の行動を漠然と見るのではなく、理解しようとする。「そうか、こういう方なのか」「こういう趣味なのか」と考え納得すれば、おのずと次のアクションが喚起される。これが「実感」だ。

リアル店舗では、「実感」をもとにした接客が当たり前のように繰り広げられているが、デジタルの世界においては顧客はデータ化、数値化されているため、顧客の顔が見えにくく、「実感」が得られにくい。

マーケティングがデジタル化したいまだからこそ、「実感」を強く意識し、いままで以上に理解につとめなければならない。それが、差別化につながり、自社の独自性を際立たせた体験価値に結びついていく。

一人の顧客にフォーカスする

実感とは何かについてもう少し話を続けよう。

顧客を実感しながらマーケティングを行う――。それは、一人の顧客をしっかりと見ることにほかならない。

一人の顧客にフォーカスし、理解し、その人のために何ができるかを考え、生まれたアイデアを精査して実現度を確かめ、優先順位をつけて行動する。行動したら、それが実際に響いたのかどうかを検証する。フォーカスした人物がちゃんと想定通りに動いたのかどうかを確認する。それが実感を得るということだ（次ページ図表3-2）。

例えばRFM分析をもとに、最後に来店してから180日以上が経過している顧客を対象に販促メールなどの施策を実行し、その結果何%の人が来店したかを測るといったことが多くの企業で行われている。もし180日以上経過した顧客は施策への反応があったが、270日以上経過していた顧客はほとんど反応がなかったとすれば、その結果を入り口として、もう一歩その背景を探っていくのが実感マーケティングである。

先に述べたように、顧客が求める体験価値を継続的に提供していくためには、何よりもま

図表3-2 "顧客実感"からの施策アイデアの創出（再掲）

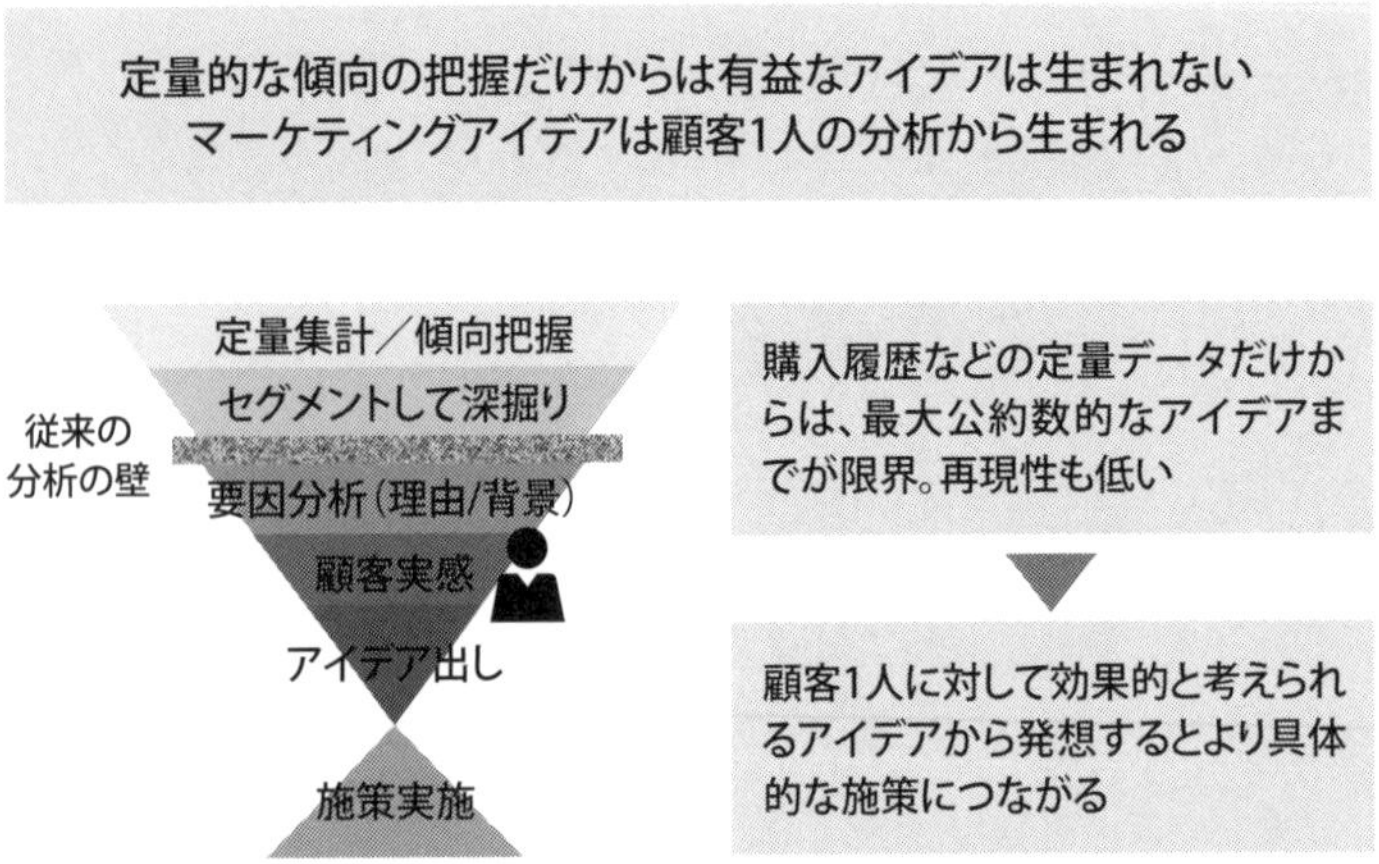
定量的な傾向の把握だけからは有益なアイデアは生まれない
マーケティングアイデアは顧客1人の分析から生まれる
定量集計／傾向把握
セグメントして深掘り
従来の分析の壁
要因分析（理由/背景）
顧客実感
アイデア出し
施策実施
購入履歴などの定量データだけからは、最大公約数的なアイデアまでが限界。再現性も低い
顧客1人に対して効果的と考えられるアイデアから発想するとより具体的な施策につながる

ず顧客を理解しなければならない。理解した上での働きかけでなければ、価値を届けられないし、そもそも顧客にとっての価値ではないのだ。

だからこそ、一人の顧客にしっかりと照準を合わせるアプローチが欠かせない。一人の顧客の行動とその背景にある趣味趣向や感情を実感として理解すれば、より適切な施策を打つことが可能になり、その成果の手応えを実感できる。

例えば、アパレルメーカーのD社では、RFM分析を行い、30日以上来店していなかった顧客に向けて来店を働きかけるキャンペーンを実施し、その成果はどうだったのか、ちゃんと狙った人が来てくれたのかどうかをきめ細かに検証していた。そのとき、マーケティング担当者が発した言葉は実感の本質を見事に言い当てている。

「目的もなく、ただデータをまとめて見るだけでは、『ふーん』だけで終わってしまう。それしか言葉が出ないし、ＰＤＣＡも回らない。でも、一人でもいいからちゃんとデータを見ると『なるほど』と思う。そこが大きな違いですね」

データを見て、ただ「ふーん」で終わらせてしまうのか。それとも、「やはりそうだったのか」「なるほど」と納得するのか、あるいは「ここが違ったのか」と仮説とのギャップが腹落ちし、そこで実感を得るのか。その後のＰＤＣＡの成否を分ける岐路である。

顧客像と現実のギャップはなぜ生まれる

「うちのお客さんはこういう人だよね」と企業側が思い込んでいる顧客像と現実とにギャップが生じていることは珍しくないが、それも実感がないことに起因していることが多い。

去年のお中元で商品を買ってくれた顧客に「今年もよろしくお願いします」というＤＭを送ったＥ社の例を取り上げよう。残念ながらこのＤＭはまったく響かず、商品はまったく売れなかった。あまりにも手応えがなかったことから、Ｅ社がアンケートを実施して理由を尋ねると、返ってきた答えの多くは「去年買ったから」「去年と同じモノは贈れない」というものだった。そこで、はじめて反響のなさに納得がいったという。

ギフト商品では、こうしたことがよく起こる。購入履歴とギフトをかけ合わせただけの施策はうまくいかないことのほうが多い。「去年とは違うモノを贈りたい」というのが顧客の率直な心理なのである。

この場合、ギフトをすすめるのであれば、まだギフト利用がない顧客に案内するか、そもそも自社製品が本当にギフト向きなのか否かを先に自問すべきだった。だが、ここでギフトとの相性の悪さを実感できたことは大きな前進だ。今後は、もっとギフト向きの新たな商品の開発が進むかもしれない。

実感なきまま施策を繰り返していないか

マーケティング担当者の多くは毎月のようにキャンペーンを企画しては、実行に移している。月替りでキャンペーン内容を変更しては、顧客に告知することが習慣化している企業も多い。

しかし、先月のキャンペーンの内容はちゃんと伝わっているのか、そもそも顧客はキャンペーンの内容を覚えているのだろうかと疑問を持ち、顧客に尋ねてみたらどうなるか。意外に、ほとんどの顧客は1ヶ月前のキャンペーンの中身はまったく覚えていないかもしれない。前のキャンペーンが記憶に残っていないのだとすれば、キャンペーンを毎月ころころ替える意味はない。それよりも、同じキャンペーンを継続的に打ち出したほうがずっと顧客の頭に残る。それなら、継続的なコミュニケーション策に切り替えたほうがずっと有意義かもしれない。

このように、実感なきまま、施策を繰り返しているというケースは多い。特に疑問を抱かず、なんとなく漠然と「そんなものだろう」と考え、メールを送り、DMを発送し、広告を打ち、キャンペーンを展開するというパターンだ。

だが、検証をしなければ実感は生まれない。「今回の施策はうまくいかなかったな」で終わってしまう。全体の売上が減少しても、「売上が落ちた要因は、ギフトの売上が落ちたためです」で済ませてしまい、売上減少を補填するため、新しい別の施策を投入して辻褄を合わせようとするだろう。

そして、「前年うまくいったギフト戦略はいまひとつでしたが、今回はこの施策でリカバリーしました」といった報告をすることになる。

この場合、とりあえず数字の上ではリカバリー策が効いているので、問題がないように見えるが、問題が解決したわけではない。

効果測定を十分にせずに次の施策に移るのは、マーケティングの「あるある」だが、それはもうやめにしたい。結果にいまひとつ納得できない、手応えが得られていないのであれば、実感が得られるまで原因を探ることである。

データ検証のブラックボックス化は思考停止を生む

実感がない状態の一つが、データ検証のブラックボックス化だ。データを入れるとMAツールが自動的に回って知らないうちに答えは出てくるけれど、そこに実感はない。これでは、結局ツールに使われているだけだ。使う側の人間が何も考えなくなる。

マーケティング担当者が思考をめぐらせることなく、なんら実感を得られないままPDCAを回すのは、負のスパイラルの始まりだ。データを有効活用し、データから一人の顧客についての実感を得る。得た実感を踏まえて、再度考え、施策を練って実行していく。そんな正のスパイラルを目指したい。

あるアパレルメーカーの担当者はこう話していた。

「マーケティングをやっていて、何が面白いかというと、自分たちで考えてやったことが本当にうまくいったときなんですよね。あの感動に勝るものはないというか（笑）、楽しい瞬間なんです。だから、また新しい発見を探しに行きたくなる。それがなかったら、管理画面なんて週に1回見に行くかどうかになってしまうでしょう。やはり成功体験が増えると次の工夫をしたくなる。次はどんなデータが見えるかなというマインドが醸成されますね」

実感はモチベーションを上げ、アクションの呼び水となり、成功体験を支えていく。もっと考え、もっと分析し、もっと顧客に迫りたくなる。実感はマーケターの原動力といってもいいだろう。

ペルソナを肉付けする効果も

実感は、ペルソナを豊かにすることにも効果的だ。ペルソナの有効性を高めるために顧客実感を重視しているF社の事例を紹介しよう。

F社は、品揃えに定評があるセレクト型のネットショップを運営するかたわら、実店舗も増やし、着実にファンを集めて売上を伸ばしている。顧客情報や購買の実績データ、デモグラフィックデータの集計には以前から力を入れていたが、新たに、顧客が何を考えているのかを探り、ペルソナに厚みを出したいと考えた。

顧客が何を考え、どんな商品を選び、逆にどんな商品を選んでいないのか。そうした顧客の思考プロセスまでデータからは探れないため、F社ではアンケートを実施。一人ひとりの顧客の具体的なイメージをつかもうとした。仮説としてのペルソナを設計し、アンケートと組み合わせることで、実際の顧客がはたして自分たちがイメージした通りなのかどうかを探り、足りない要素があれば付け加えて、顧客像のモデルをより鮮明にしようとしたのである。

とはいえ、アンケートはむやみやたらには実施できない。商品を購入しているタイミングでアンケートを求められたら、顧客が離脱する確率が高くなる。年収や関心事について回答を求められると拒否反応が出て、そこで購入自体をやめようと考える顧客が出てくるかもしれない。

そこでF社は、購入後や何度も繰り返し購入している顧客に絞って、アンケートを行った。すでに店のファンになっている顧客であれば、回答率も高いだろうと考えたからだ。事実、リピーターほど回答率が高く、職業や年収、住まいのタイプなど詳しい情報から実感を得て、ペルソナのイメージをさらに具体化していくことができた。

F社のケースで非常に興味深いのが、NPS（ネットプロモータースコア）の数値が低い優良顧客が多いことだ。

NPSとは、米国のコンサルティング会社、ベイン・アンド・カンパニーのフレデリック・F・ライクヘルド氏が2003年に発表した、自社のブランドや商品、サービスに対する顧客ロイヤルティを数値化する指標だ。具体的には、「あなたはこの商品やサービスを周りの人にどの程度おすすめしますか?」と問いかけ、0点～10点で選んでもらう。さらにF社では自由回答で「上記の評価をつけた理由はなんですか」と尋ね、選択肢を用意しておき「評価に影響を与えたポイントのなかから、重要な順に三つ選んでください」といった問いに対する答えをスコア化していった。

一般に、優良顧客の場合、このNPSの数値は高いとされているが、F社の場合は違った。あまりにファン度が高く、ほかの人に教えたくない、知られたくないと考える顧客が多いため、NPSが低いのだ。ほかの人に同じモノを買ってほしくない、この店は自分だけの特別な存在にしておきたい。そうした心理に衝き動かされる熱狂的ファンにF社は支えられている。

この一見、不可思議な現象の背景が判明したのは、F社がNPSの評点に加えて自由回答のアンケートを実施したからだ。NPSだけでは単なるスコアでしかなく、「なぜからうちの客はNPSが低い」で終わってしまう。低い理由はどこにあるのかを知るためには、顧客の主観に触れなければならない。定量ではなく、アンケートのような定性データを追いかける意味はそこにある。

すべての顧客から回答を得ようとするとハードルは高いが、利用度の高い顧客であればアンケートでも尋ねやすい。ペルソナを肉付けするには、一部の顧客の情報であっても十分に意味はある。顧客の主観に近づくことができれば、独り占めしたいと考えるくらいロイヤルティの高い顧客に対して打つべき施策も考えやすい。肉付けしたペルソナをもとに施策を打ち、その成果を実感として加えれば、ペルソナはより厚みを増していく。

実感からカスタマージャーニーの精度を上げるG社

マーケティングでいうところのペルソナとカスタマージャーニーは似たような文脈で使われがちだが、両者が意味するところは異なる。ペルソナとは、架空の顧客像であり、「ペルソナマーケティング」とはそのプロフィールを年齢や職業だけでなく、行動や価値観、ライフスタイルに至るまで詳細に設定することをいう。ある商品やサービスを利用してくれるターゲットとして想定された架空の顧客像が、ペルソナだ。

一方、カスタマージャーニーは実在する顧客を基にしている。商品やサービスを顧客がどのように知り、興味や関心を抱いて購買に至り、リピートにつながっていったのか。そのプロセスでの行動、思考、感情、不満、不安、心理状態を「旅（ジャーニー）」になぞらえて可視化した「商品・サービスをめぐる顧客の旅」だ。要するに、マーケティングの地図のようなものであり、「カスタマージャーニーマップ」という言い方をすることもある。実在の人物を題材にしてカスタマージャーニーを描くには、データ活用が欠かせない。データは顧客の「商品をめぐる旅」を描くための極めて重要な材料だ。

例えば、

・どこで商品やサービスを知ったのか
・そのとき、何を感じたのか
・購買前にWebではどんな動きをしていたか
・何が決め手になり、どのタイミングで購入したのか
・最終的には何を買ったのか、買わない商品はあったのか、それはなぜか
・Aという商品を買ったときに同時に購入したのは何か、それはなぜか
・購入した後にどういうやりとりがあったのか
・どんな感想をもったのか

一例ではあるが、このようにデジタルの世界で行われる購買行動やコンタクト履歴をチェックし、顧客が商品をめぐってどのような旅をしていったのかをトレースしていく。それがカスタマージャーニーだ。顧客をファン化していくためには、このカスタマージャーニー視点でのコミュニケーション設計が必須である。

ただし、カスタマージャーニーはあくまでも手段であり、それを見ること自体が目的ではない。カスタマージャーニーマップを作るのは、顧客体験を良いものにしていくためであり、その目的から外れてしまっては意味がない。

「商品・サービスをめぐる顧客の旅」のできばえを左右するのが実感だ。データの活用はカスタマージャーニーに不可欠だが、それだけでは十分とはいえない。データを分析し、一人の顧客を実感することで、カスタマージャーニーはよりクリアなものになり、顧客に提供する体験価値が磨かれていく。

その好例を紹介しよう。一人の顧客の行動を追いかけ、アンケートを実施することで顧客を実感し、エビデンスに基づくカスタマージャーニーの設定に成功したG社の事例だ。

マッチングサービスを提供しているデジタルネイティブ型企業（デジタル技術を駆使して顧客体験価値を創造している企業）のG社は当初、顧客のカスタマージャーニーを図表3-3の上のように想定していた。顧客Aさんはマッチングサービスを利用して検索をかけたものの実際には予約をせずにサイトから離脱し、1ヶ月後に再び検索してオンラインで予約を入れて来店していた。別の顧客Bさんはオンラインで予約して店を利用したものの、次回はオンラインで別の店を予約して利用していた。

しかし、本当にそれだけなのか。目に見えない行動もあるのではないか。疑問を持ってこ

図表3-3　マッチングサービス（デジタルネイティブ型企業）G社のカスタマージャーニー

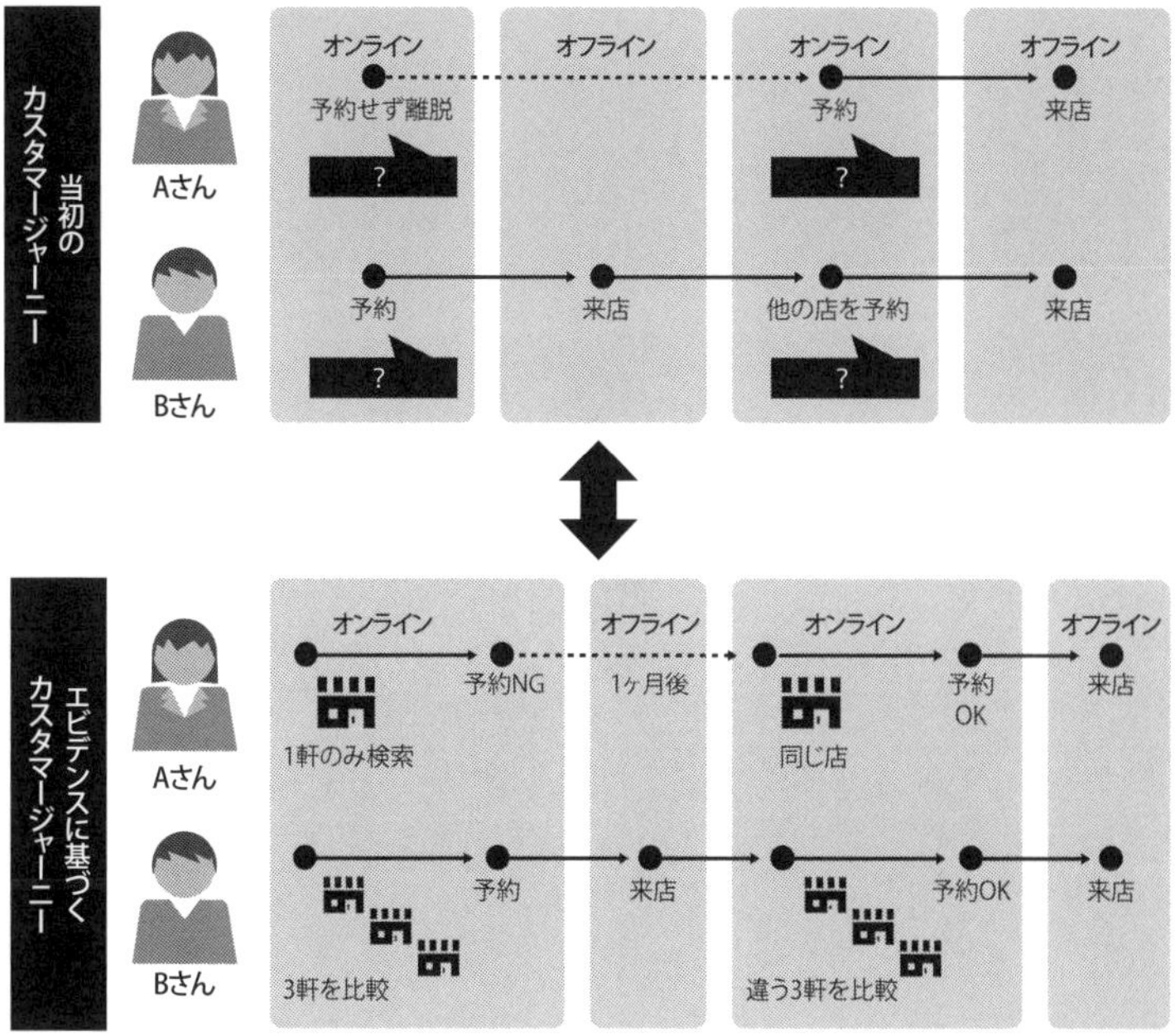

の会社では顧客の行動を追いかけ、さらにアンケートを実施して実態を探った。

するとわかったのが、Aさんは最初に1軒のみ検索をして予約を入れようとしたが予約がいっぱいであることがわかり、諦めてサイトから離脱し、その1ヶ月後に再び同じ店を検索して予約を入れて来店していたのだ。単にサイトから離脱したのではない。「予約がNG」という理由があって離脱していたわけだ。

Bさんは、最初に3軒を

検索して比較した上で1軒を選び、予約を入れて来店。その1ヶ月後には別の3軒を比較して、気に入った店を予約して来店していた。いきなり店を予約したのではなく、予約の前には「3軒の比較検討」という行動が潜んでいた。

このように、最初に想定していたカスタマージャーニーと現実とに違いがあることはよくある。エビデンスに基づいてカスタマージャーニーを最適化していくには、やはり顧客を実感するしかない。一人の顧客の行動を丁寧にトレースし、アンケート調査の結果と照らし合わせる方法が効果的である。

定性データ活用の重要性

一人の顧客を深く実感するために、ぜひとも把握しておきたいのが「(購買などの)理由」「心情」「趣味嗜好」「感性」「(購買後の)評価」「不満」である。

なぜ、顧客はその商品を買ったのか。何が購買や利用の決め手になったのか。CMやキャッチコピーのどんな点に共鳴したのか。どんな趣味や嗜好と合致したのか。その商品を使ってみて何を感じ、何を評価し、どこに不満を感じたのか。そうした数字では表せない主観的な要素を把握できれば、より顧客の実態に迫ることができる。

図表3-4　施策の効果として、体験価値の見える化が重要（再掲）

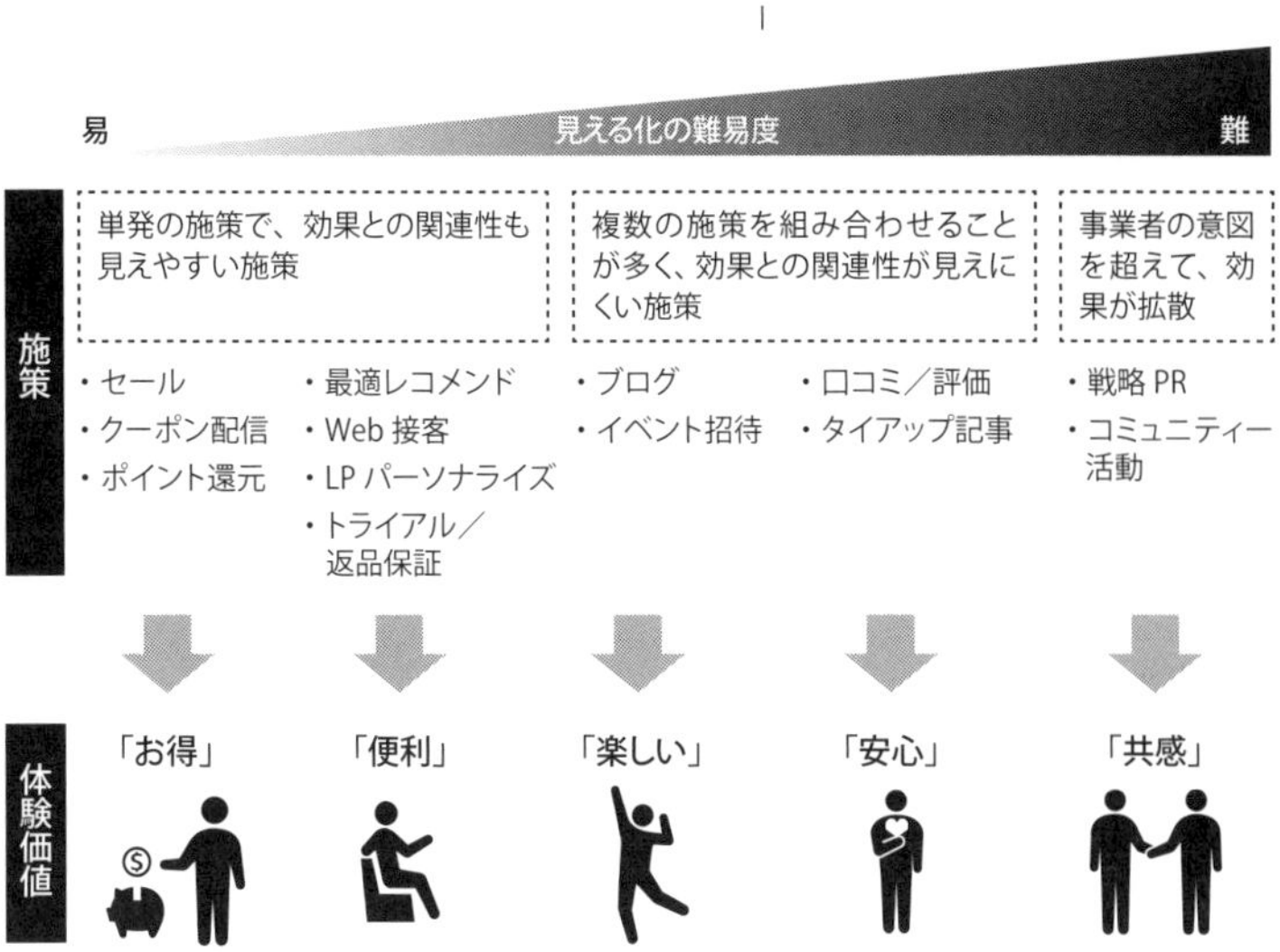

第1章でも述べたが、顧客の体験価値は五つに分類される（37〜38ページ）。顧客の体験価値が「お得」「便利」から「楽しい」「安心」「共感」へとシフトするにつれて、デジタルデータから見える化することの難易度が上がっていく。図表3-4の右側にある「安心」「共感」は、定量データからは見える化できない。定性データを活用してはじめてとらえられる体験価値だ。こうした体験価値を把握し、施策に反映できれば、施策の効果は飛躍的に拡大し、自発的に拡散していく。

　アンケート回答やSNS、口コミなどに代表される定性データを定量データとかけ合わせることができれば、仮説はよりブラッシュアップされる。「実感」が増すことでペルソナが肉付けされ、精度が上がっていく。この定性データの分析に力を発揮するのが、テキストマイニングだ。人が発した言葉や書いた文章は数値化できないが、テキストマイニングは文章を単語や文節に分割し、その出現頻度や相関関係などコンピュータが処理しやすいようにデータ化した上で分析する技術である。消費者の行動特性を探り、顧客を実感して有益なアイデアを出していく際に効果を発揮する技術である。

いまや世の中に存在するデータの大半は文書、音声、画像などの非構造化データで占められ、ビッグデータの80％は非構造化データだとされている。爆発的に増えている生活者の生の声が詰まった非構造化データを活用するかしないかで、商品開発やプロモーションの成否が変わってくる。

テキストマイニングを用いると、アンケート回答やSNS、口コミなど、自由形式で記述された文章から有益な情報を探し出すことができる。顧客が商品やサービスに対してどんなイメージを持っているのか、いま使っている商品に対して不満や不便に感じている点はなんなのか、実際に使ってみてどんな感想を抱いたのか、要望はなんなのかといったことをつかむことができる。

アンケートで考えてみたい。アンケートの自由記入欄に書かれている内容は一つひとつ異なる。どれ一つとっても同じものはない。

そのため、例えばAさんとBさんがアンケート100件に目を通したとすると、二人の感想は同じではないかもしれない。Aさんは「〇という意見が多かった」といい、Bさんは「いや、□という意見が多かった」という。これがあり得るのが定性データだ。

アンケートの自由記入欄に記された内容は多様性や強弱があって当然であり、その違いこそが顧客の本音や実態を反映している。この声を活かすことができるようになれば、継続的に製品やサービスの改善や新たな施策につなげられる。つまり、再現性があるということだ。

アンケートを活用して顧客の「真実の瞬間」を探ることに成功した保険会社H社の例を紹介したい。

保険業界ではいま、ダイレクトチャネルから乗り合い型チャネルへの転換が起きている。保険会社の営業スタッフによる販売数は減少し、インターネットにはさまざまな保険会社を比較できるサイトがあふれ、資料請求も一括ダウンロードの形で行える。乗り合い型の実店舗も増えてきた。商品を決めるまでに迷い検討し、再評価するという行動パターンが一般化している。

こうした環境変化を背景に、H社は顧客の加入ステップを次のように想定していた（次ページ図表3-5）。

1. スマホで予約

図表3-5　顧客の「真実の瞬間」を探る

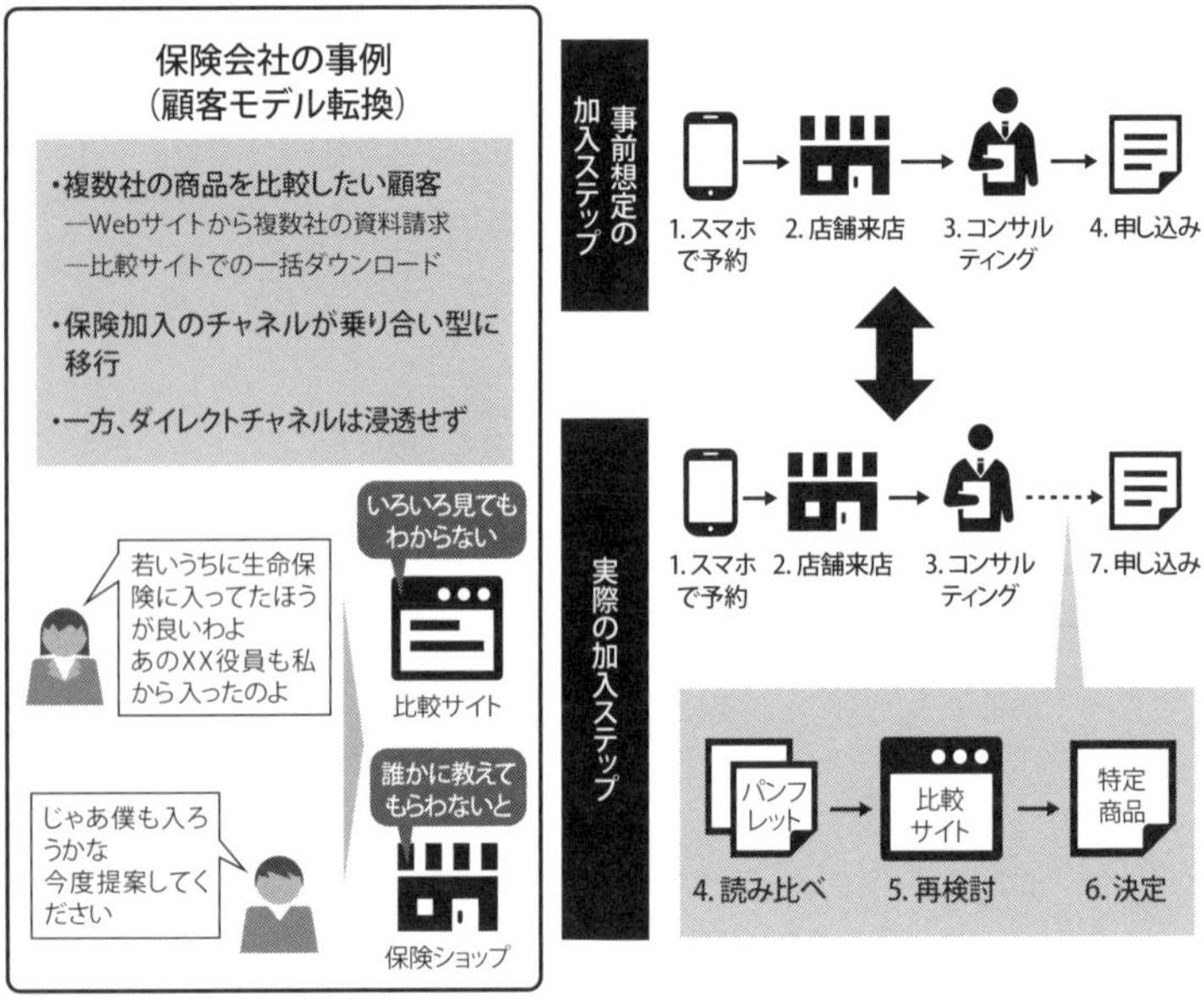

2. 店舗来店
3. コンサルティング
4. 申し込み

だが、現実はそうではなかった。スマホで予約して店舗に行き、コンサルティングを受けるまでの流れに違いはないが、そこから申し込むまでのプロセスで顧客はパンフレットを読み比べ、比較サイトを見て再検討し、ようやくそこから加入する特定の商品を決定していた。コンサルティングを受けたからといって、その結果ですぐに加入してはいなかったのである。

表面の購買行動には見えてこ

なかった「真実の瞬間」を、なぜこの保険会社は突き止めることができたのだろう。この保険会社の場合、顧客の加入ステップに違和感を持ち、アンケートを実施した。一人の顧客の予約から申し込みまでのプロセスを追いかけ、そこに目に見えない行動が隠されているのではないかと推察してアンケートに踏み切り、実態を突き止めることができた。この違和感こそが実感だ。

例えば数十名単位での加入者へのインタビューや店舗でのヒアリング調査を行えば、顧客の加入ステップを突き止めることは不可能ではないが、このやり方ではコストがかさみ、時間もかかる。グループインタビューやヒアリング調査の準備から実施、分析までの手間やコストは馬鹿にならない。だが、アンケート調査であれば手軽に実施できて、これをテキストマイニングで分析できれば、その費用対効果は高い。

「真実の瞬間」が把握できれば、打つ手も違ってくるはずだ。ダイレクトチャネルのあり方、パンフレットの内容構成、比較サイトでの扱いなど、迷える生活者に向けて効果的な施策を検討することが可能になる。

定性データから顧客に響くキーワードを掘り当てるI社

定性的なデータの分析に成功している事例として、食品メーカーI社の取り組みも見てみたい。

いま、サントリーや味の素をはじめとする日本の大手食品メーカーは、自社が開発、製造した商品をネット通販などにより直接消費者へ届けるDtoC（Direct-to-Consumer）のビジネスモデルをスタートしている。テレビCMも多く、ショッピングチャンネルなどでも販売されていて、利用したことがある方も多いだろう。

こうしたメーカーの多くは専門の通販事業部を持ち、オンラインの販売チャネルとコールセンターを整備している。健康食品販売をしているI社もその一つ。I社では電話で申し込む顧客が多いことから、コールセンターに寄せられる声の分析に力を入れ始めた。

I社のコールセンターに届く顧客の声は毎月数万件におよぶ。これらの大量のコールログのデータを分析していった。さらに、ブログやツイッターなどから、自社商品や競合商品に関する「つぶやき」についても分析を進めた。現在では毎朝、コールログ、ブログ、ツイッター上の「声」についてマーケティング部門を含む各部署の社員がWeb画面から、どの商品に対して何がいわれているのかを確認できる仕組みを構築している。

例えば、あるアルコール飲料について、「夏祭り—飲みたい」「風呂上がり—すっきり」「さわやか」など、飲んだ後の感想やどういうシーンでどういう気分で飲んでいるのかを探っていった。それらをもとに季節感を演出するプロモーション戦略が狙い通りに伝わっているのかを判断し、テレビＣＭの制作やパッケージデザインの変更、販促活動など、さまざまな場面で役立てている。

このＩ社の事例は、まさに定性的なデータまで含めて詳細に分析し、そこで得られた実感から施策を打ち出し、さらにその成果を実感するという好スパイラルが回っているケースだ。

さらにテキストマイニングを活用すると、有益なキーワードを掘り出すだけでなく、これまで見えてこなかった購買行動の背景や要因、顕在化していない顧客の本音も探りやすくなる。

別の食品メーカーＪ社では、ＤｔｏＣ事業で販売している新商品に対してＳＮＳやお客様相談室に寄せられている顧客の反響を分析している。新商品に対する顧客の反応には、どんな単語やフレーズが頻出しているのか。それは、「味」なのか「香り」なのか。あるいは「量」なのか「容器」なのか「デザイン」なのか、あるいはＣＭに出演しているタレントなのか。人気や不評の源泉を探り、顧客の志向を追いかけることができれば、打ち出す施策も変わってくる。定性データの活用により顧客を実感できれば、施策の幅も奥行きも増すのである。

もっとも、このような例はまだまだ少数派で、定性データの分析・活用はまだ広く浸透していない。健康食品や化粧品会社ではよく、使用後の感想を記した顧客からのハガキを販促資料としてパンフレットや冊子に掲載している。「体調が良くなった」「膝の痛みが軽減した」「肌がワントーン明るくなった」という喜びの声が寄せられている。

喜びの声を大集結してプロモーションに活かすことができれば非常に迫力がある。視覚的効果は非常に高く、ついつい目を通したくなる。現状では使用や購入への心理的なハードルを下げる上で一定の効果はあるが、残念ながら役割としてはそれで終わっていて、もっとマーケティングに活かしたいところである。

そうした例はほかにもある。せっかく手間をかけて収集したのに、十分に活用されず日の目を見ないまま社内に眠っている定性データは多い。実感マーケティングを進めていく上でぜひとも活用していきたい「宝」である。宝の持ち腐れは、企業にとって損失だ。

KPI思考に加えて顧客実感思考も

実感マーケティングを進めていく上では、従来のKPI思考に加えて顧客実感思考も心が

図表3-6　顧客の見え方を切り替える「顧客実感」の思考が必要

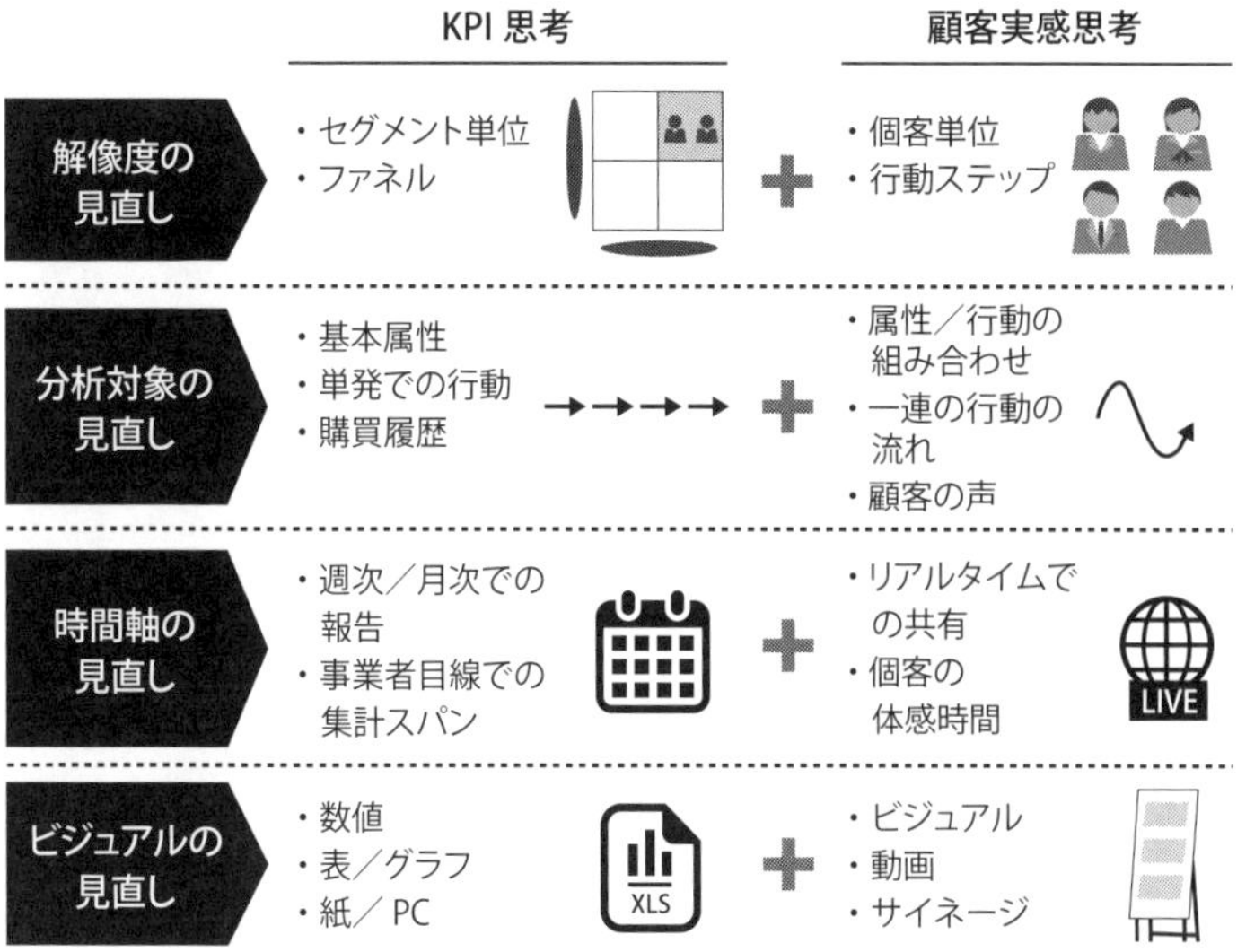

	KPI 思考		顧客実感思考	
解像度の見直し	・セグメント単位 ・ファネル		・個客単位 ・行動ステップ	
分析対象の見直し	・基本属性 ・単発での行動 ・購買履歴		・属性／行動の組み合わせ ・一連の行動の流れ ・顧客の声	
時間軸の見直し	・週次／月次での報告 ・事業者目線での集計スパン		・リアルタイムでの共有 ・個客の体感時間	
ビジュアルの見直し	・数値 ・表／グラフ ・紙／ PC		・ビジュアル ・動画 ・サイネージ	

けることが重要だ。

KPI思考と顧客実感思考を比較してみよう（図表3-6）。KPI思考においては、顧客のセグメントやファネル（ターゲットとなるユーザーの意識の流れ）を明確にする。対して、顧客実感思考では個客単位、行動ステップ単位で分析をするため、顧客の解像度がさらに上がっていく。

顧客を分析し掘り下げる場合、KPI思考は顧客の基本属性や単発での行動、購買履歴が中心だが、顧客実感思考では、属性と行動を組み合わせ、事前の行動にも目を向けられるようになる。単発ではなく、一連の行動全体が分析対象となる。さらには、顧客の声、つまり定性データも活用していく。

時間軸もＫＰＩ思考と顧客実感思考とでは大きく違う。ＫＰＩ思考では週次・月次でＫＰＩを束ねて顧客の傾向をつかもうとすることが一般的である。集計スパンは事業者目線といえる。

一方、顧客実感思考においてはリアルタイムで顧客を見て、社内に共有していく。リアルな時間軸のなかで顧客がどう動き、どの時点でクリックし、購入したか。クリック前にどれぐらいコンテンツを見ていたか。待ち時間など個客の体感時間をもフォローする。起点は事業者ではなく、常に顧客だ。

ビジュアルについてはどうか。ＫＰＩ思考では、数値や表・グラフ、紙やＰＣが一般的だ。一方、顧客実感思考では、顧客の行動自体をビジュアル化する。流れそのものを図示し、アニメーションや動画、さらにはサイネージを共有して、顧客の体験価値を「妄想」していく。

いま「妄想」と書いたが、顧客実感は「想像する」というよりも「妄想する」という言葉のほうが意味としては近いかもしれない。既存顧客だけではなく、見込み顧客、さらにはまだタッチポイントがない消費者・生活者の体験価値をつかむには、想像力を越えた妄想力が必要だ。こうした顧客実感思考を、従来のＫＰＩ思考に加えていくことが求められている。

顧客実感には組織を変える力がある

この章の最後に、顧客実感には組織を変える力があることに触れておきたい。

顧客実感を通して、エビデンスからシナリオを発想すると、施策シナリオの精度が上がっていく。成果を顧客単位で見てドリルダウンしていくと、顧客の価値認識や行動が明らかになる。

すると、組織にどのような変化が訪れるか。業務プロセスが変わり始めるのだ。顧客の変化や違いにリアルタイムで気づけるようになり、得た気づきをすぐにシナリオにフィードバックして見直しをかけるという、気づきと一体となった改善プロセスが実現する。ＰＤＣＡのような段階・ステップを踏むのではなく、少し大げさにいえば瞬間的に仮説、検証、見直しが可能になる。

さらに、顧客実感が共通言語となって組織内のコミュニケーションも変化していく。顧客の行動がビジュアル化されると、共通のイメージを共有しやすくなる。それらを材料に、マーケターそれぞれが持っている妄想力が発揮されれば、組織内の議論が活性化するだろう。マーケターの視点が共有されて、組織のあり方が変わる日も近い。

大げさだと思われるだろうか。ここで紹介した流れは理想的なケースではあるが、決して夢物語ではない。顧客実感にはそれだけの力がある。組織を変革するポテンシャルがあるのだ。ぜひ、顧客実感マーケティングを実践し、組織として全社員を巻き込んだマーケティングを実現してほしい。

次章では、具体的な事例をひもときながら実感マーケティングの実践方法について解説する。

第4章

実感マーケティングの実践

実感マーケティングの実践事例

実感マーケティングにより、確かな成果を上げるK社

この章では実感マーケティングの具体的な実践方法について述べていくが、まずは実感マーケティングによって確かな成果を得ている成功事例を紹介することにしよう。実感マーケティングがどのように取り入れられ、どんな問題がどのように解決されていったのか。実感マーケティングの実践方法やその効果を理解する一助になるはずだ。

最初に取り上げるのは、アパレル会社（K社）の事例だ。K社が置かれているアパレル業界特有の事情について触れておくと、基本的に年2回のシーズンで商品を回すため、小ロット多品種で商品を製造し、シーズン単位で商品の見直しが行われている。

そのため、商品サイクルが速く、売れ残りリスクが高い。残った在庫はセール品として値下げして販売するのが一般的だ。早いタイミングで顧客を囲い込み、在庫を消化しようとセールの前倒しが常態化している。

また、実店舗だけではなくカタログやテレビ、ECサイト、SNSと販売チャネルも多様化し、どこからでも同じように商品を購入できる環境を作り、サービスを提供する「オムニチャネル」化を指向する企業が多い。

こうした業界にあって、K社は10万人ほどの会員を抱え、全国に実店舗を展開する一方で、ECチャネルにも力を入れてきた。マーケティングに関して抱えている問題は次のようなものだ。

・接客力で定評のある実店舗への送客が不足している
・一人の顧客に大量のDMやメルマガなど施策が集中している
・オンラインとオフラインを組み合わせた施策が不十分である
・短い商品サイクルに対して、リアルタイムな販売動向の把握ができていない
・コーディネートの提案など顧客ニーズ・嗜好にマッチした商品訴求が不十分である

とりわけ、オンラインとオフラインとで顧客情報が分散していることによる弊害が目立っていた。自社にとっての顧客像や優良顧客の見極めが正確にできず、接客にもズレが生じ、大きな機会損失につながるケースがあることに課題を感じていた。

一人の顧客への過剰なコミュニケーション

またK社は、一人の顧客に過剰なまでにコミュニケーション施策が集中してしまう現状にも強い問題意識を抱えていた。一般に、オンラインのコミュニケーションコストはオフラインと比較すると、はるかに安い。一人にメールを送ってかかる費用は1円以下だ。そのため、アナログ時代とは比べものにならないほどコミュニケーションを取りやすくなっている。

それゆえ、メールやSNSでの通知など行き過ぎたコミュニケーションが問題となっているケースが多いが、K社も例外ではなかった。新商品の案内や新店舗の告知など顧客への一斉配信でのメール送付が横行し、多い月には50本以上のメールを配信し、一人の顧客に大量のメールが集中投下されていた。

こうした大量のプッシュは逆効果でしかない。自分には関係のないメール、興味を持てないメールが届き続けるとすべてのメールが一切読まれなくなる。スルーをしてくれるならまだしも、その企業やブランドに対して拒否感が生まれ、はては離反につながっていく可能性も出てくる。

そこで、対象者を適切に絞り、不必要なコミュニケーションを抑える方針を打ち出した。

しかしながらこれは言葉でいうほど簡単ではない。10万人の会員すべてに一斉にメールを送れば、売上はそれなりに上がる。事業計画としてKGIやKPIを設定していると、ある程度の売上が見込める「全配信」をやめる勇気はなかなか持てない。セグメントした上で、それぞれの顧客に最適化したコミュニケーションを実施する、というのは理想論としては誰もが理解しているが、全配信をやめたくてもやめられないジレンマに陥っている企業が大半だ。

また率直にいって、10万人に一気にメール配信をするほうが作業的な負担はずっと軽い。100人に絞り込もうとすると、それだけで一定の手間を覚悟しなければならない。

だが、K社はあえてそこに踏み込んだ。目先の売上インパクトだけを狙った施策をやめ、苦労や手間を惜しまず、顧客接点を最適化し、顧客満足を上げる道を選んだのだ。

ここで、K社が目指したゴールを改めて確認しよう。

- 顧客一人ひとりに合ったコミュニケーションのチャネルと配信内容を実現する
- ECと実店舗のデータを統合し、店側にコミュニケーション履歴のデータを戻し接客に活かす

こうしたゴールに向けてK社が下した判断や実践方法は、現実的かつ合理的で、何より顧客に対する実感に満ちている。以下、そのアプローチを説明していく。

目的から逆算して、段階的にデータ統合を推進

まず、K社はこれまでバラバラに存在していたオンラインとオフラインのデータの統合から着手した。

データを統合する際にありがちなのが、さまざまなサーバーに蓄積された顧客データや購買履歴、さらに自社サイトのログデータなどを一元的に統合・管理するためのDMP（データ・マネジメント・プラットフォーム）やDWH（データ・ウェア・ハウス）と呼ばれる箱を用意して、そこにすべてのデータを一気に入れてしまうやり方だ。データ統合の一般的パターンである。

だが、K社はそうはせず、ゴールから逆算して段階的にデータを統合していった。理由は実にシンプルだ。

「なんとなくデータが統合されて、なんとなく見られるようになったところで、結局はデータを眺めるレベルで終わってしまうのではないか」。そうした疑問をマーケティング部が持っていたからだ。例えば接客時に顧客のデータを見ながら接客ができたらいい、とは考えつつも、現実には接客の合間に顧客データを確認するのは顧客に失礼かもしれないし、そうした時間的余裕もないだろうと考え、店側へのデータ共有については、まずは現実的な範囲にと

どめたのである。

データの統合や可視化が目的化してはまずい。必要なのは、そこから何を把握し、判断し、実行するかという真の目的であるという問題意識が強くあったため、いきなりのデータ統合はむしろ危険であると考えた。

そこで、現実にまず見るべきもの、必要なものから段階的にデータの可視化を進めていった。データを少しずつ、本当に少しずつ足していきながら、可視化を実現していくやり方だ。

スモールスタートを切り、連係させるデータを徐々に増やしていく選択肢をとる会社は珍しい。データを統合し見える化できるのなら、すべてを一気にやってしまいたいという衝動に駆られる企業が多いなか、K社がそうしなかったのは最終的な目的を明確に掲げ、誰もがその目的を共有していたからだ。

K社では、ECに顧客データは蓄積されているが、当時、そのデータを実店舗で見ることはできなかった。それを可能にし、ECのデータを店頭にもフィードバックして、顧客単位で購買の実績を束ねてそれぞれの顧客に最適な提案やコミュニケーションを実現することが、いまも変わらない同社の目指すゴールだ。このゴールから逆算して、できることから着手していったK社の判断は実に堅実であり、賢明といえる。

ポイント
・データの統合を目的化しない
・まず何を見たいのかを明確にする
・重要性の高いところから段階的に着手する

顧客データが見られる範囲を制限した理由とは

次に、K社ではデータを分析（可視化）しセグメンテーションを行った。「顧客データの実店舗へのフィードバック」というゴールに対して、実店舗の店長やブランドのマネージャー、エリアマネージャーなど、ある程度、役職が上のスタッフに絞り込み、顧客データが見られる環境を整備して、スタッフがデータを活用できる状態を構築した。

なぜ、提供範囲を限定し、販売員には共有しなかったのだろう。

店舗での顧客データ活用という話になると、データを見ながら顧客に商品をすすめようという理想論が沸き上がる。データを見れば、顧客がこれまでに購入した商品を確認しながら、好みを把握して商品を案内したり、いま店頭にある別の商品とのコーディネート提案を行えたりするというイメージだ。

しかし、現実的に考えて店頭でこうした接客が本当に可能だろうか。世の中には、顧客が購入した商品をすべて把握しているスーパーカリスマ販売員も存在するが、そうした特殊な例を理想に掲げてデータ活用を図ろうとしても、絵に描いた餅に終わる可能性が高い。下手に強行すれば、現場に混乱を招きかねない。

手元でデータを見ながら顧客の好みを把握して、コーディネート提案ができればベストだが、実際には顧客一人ひとりにそうした接客は難しい。一人の顧客のデータをいちいち調べて履歴を確認し、それをもとに顧客にかける声や提案の中身を変えていくのは至難の業だ。複数の顧客が訪れているときには、なおさら難しくなるだろう。

K社の場合、そもそもそうしたデータ活用法に疑問を持っていた。「店頭でそんなに丁寧に接客はできないでしょう」と、はなから懐疑的だった。「懐疑的」と書くとネガティブな印象を受けるかもしれないが、K社のマーケティング部は小売の現場をよく知っている。店頭でできることの限界を知っているからこそ、生まれた疑問なのだ。

現場が顧客データを切望しているのならまだしも、現実はそうではない。データの統合・可視化はすべて本部主導で行っている。現場はデータの活用に追いついていないのだから、本部主導で「やれ」といっても、現実には実行に至らないだろう。本部はこう判断し、まずはデータが見える状態を店長やブランドのマネージャー、エリアマネージャーに限定したわけだ。

どの商品が売れているのかについては従来通り、ＰＯＳレジで把握している。これに加えて、顧客データを統合し見える化したことで、来店した顧客の内訳や前回の来店時から今回の来店に至るまでの期間、さらにはどんな施策によって来店が実現したのかという施策に対する効果までも把握できるようになった。

もちろん、顧客が来店した瞬間にこうしたデータをすぐに見られるわけでもないし、そんな時間も余裕もない。だが、日ごとにデータを集計するだけでも、次の施策のイメージが断然、湧きやすくなる。Ｋ社が狙ったのはその効果だ。

そもそも、販促を企画する担当者は店頭に立つ販売員ではない。Ｋ社の場合も、店でオペレーションを回すスタッフと、販促を担当するスタッフとは別々だ。販促を手掛けるスタッフとデータを共有することで、より顧客の現実に即したプロモーションの企画に結びつけようとしたのである。

ポイント
・施策につながるか否かという観点で、顧客データを共有する社員の範囲を絞り込む
・販促を担当するスタッフとデータを共有し、リアリティのある企画へとつなげる

オンラインとオフラインを組み合わせた施策へ

K社は、各種チャネルで施策を実行し、ブラッシュアップを繰り返し行っている。見える化されたデータから仮説を導き、施策を実行して、その結果を数字だけではなく、内訳や理由まで把握。そうして実感を得ながら、当初のセグメンテーションを施策に対する成果に基づくセグメンテーションに徐々に移行しているのである。

K社の場合、ここまでに要した期間は約4ヶ月〜半年。販促にテスト的に使ってもらいながら販促担当者からのフィードバックを集約するところまで半年で完了しているが、施策の実行や成果からのセグメンテーション、気づきのフィードバックからの改善についてはいまも進行形であり、ここにゴールはない。

当初の課題の一つであった「オンラインとオフラインを組み合わせた施策」についても進化している。店頭でイベントを行う際には購入経験を、別のブランドとのタイアップ企画を行う際にはそのブランドの購入経験や購入回数、金額、優良顧客か否かを基準に顧客をセグメントし、イベント開催の前には余裕をもってイベント告知のメールを配信している。

ただし、すべての会員が「メールでの配信を希望」しているわけではないため、顧客からパーミッション（許可）が取れているチャネルでのみ、キャンペーンやイベントなどの告知を実施している。

一方、パーミッションが取れていない顧客については、実店舗のスタッフとリストを共有している。キャンペーンの開催中に、リストに出ている顧客が来店した際、店舗スタッフから すかさず「こういうキャンペーンがあるんですよ」と告知を行えるようにするためだ。

多少でもキャンペーンに興味がありそうであれば告知には意味があり、接客時に告げる分にはなんの問題もないはずだ。接客の前にリストを見て対象者の顔ぶれを把握しておけば、来店時にはスムーズに言葉が出やすくなる。このように現実の接客の流れのなかで無理のないコミュニケーションを取り入れているところにも、K社の堅実さが見て取れる。

ちなみに、K社はいま順調に業績を伸ばしている。データの活用は企業戦略の一端ではあるが、一事が万事という言葉があるように、ほかの戦略、施策についても堅実に着実に歩を進めていることがうかがえる。

ポイント

・顧客セグメンテーションのブラッシュアップを重ねる
・施策の効果を高めるためにオンラインとオフラインを融合する

・顧客とのコミュニケーションは無理のない形で実施する

デジタルの時代だからこそ実店舗で味わえる顧客体験を重視するL社

K社同様、実感マーケティングによって、「オンラインとオフラインを組み合わせた施策」を強化推進している別の事例も紹介しよう。洋服から小物、雑貨やガジェット類まで幅広いラインアップを擁するセレクトショップ、L社の事例だ。

比較的高単価でラグジュアリーな商品を多く扱っているL社の店では、「購買体験」だけではなく、フラワーアーティストによる店舗でのデモンストレーションや、ウイスキーブランドとコラボしてハイボールを飲みながらのショッピング体験を実施。関西の店舗では夏祭りをヒントにして、店内で撃ち落とした商品をプレゼントする射的を開催するなど、顧客のロイヤルティ向上と再来店につながる「コト体験」施策も充実させている。

メールなどデジタルでアプローチできる顧客は一部に過ぎず、実店舗に足を運ぶ顧客のほうが圧倒的に多い。

そこで、マーケティング戦略においては実店舗を核に据えた。オンラインでアクションを行っても、実際に顧客が店舗に来店したときのコミュニケーションが良くなければ、店舗への再来店にはつながらないばかりか、ＥＣサイトから顧客が離反してしまう可能性があると考えたからだ。オンライン・オフラインのコミュニケーションを切り分けずにとらえ、思いや気持ちを伝えやすいリアルでのコミュニケーションの質を重視し、ＭＡによるデータの活用をその手段として位置付けている。

Ｌ社がまず行ったのは、施策実行のためのマーケティングに必要な情報の集約だ。第一段階として、ＰＯＳやポイントカード、ＥＣの顧客情報が入っている基幹システムとＭＡツールをつないでいる。

ＭＡ導入前には、顧客データ抽出のための作業工数と負荷が大きく、システム担当者の作業が膨大でセグメントの精査がうまくいかず、狙ったターゲティングができないという課題を抱えていた。データ抽出の負荷が重く、施策や販促の成果検証にも時間がかかり、考える時間がなくなってＰＤＣＡがうまく回せない。こうした問題にも直面していた。

しかし、ＭＡ導入によりこれらの問題は解決。また、購買データなどから実際の店舗を活用した顧客接点の強化をスタートし、ＥＣサイトでもリアル店舗への送客に軸足を置いたアクションを展開している。

さらに、リアル店舗の顧客情報とＥＣの顧客ＩＤデータの統合にも踏み切り、店舗で販売員が顧客に対して行っている提案や接客サービスといった世界観をＥＣでも体験できるような環境を整備した。

現在は、自社マーケティングチームから新たにデジタルマーケティングチームが立ち上がり、オフライン中心だったコミュニケーションのデジタル化も検討中だ。リアルの店舗を軸足に据えながら、段階的にデータの統合を進め、リアル店舗の良さをオンラインに徐々に広げていこうとする現実的な歩みは、先に紹介したＫ社とも共通している。

マーケティングを通して「おもてなし」をレベルアップ

マーケティング戦略を軌道に乗せたＬ社はいま、実店舗で以下のような施策を打ち出している。

一つは、店舗スタッフへのマーケティングの見える化である。ラグジュアリーな製品を扱っているため、同社では顧客の期待を上回る接客や購買体験の提供にかねてから力を入れてきた。より質の高いパーソナルな提案や接客を目標として、マーケティングを通して「おもてなし」をさらにレベルアップしようと、メンバーサービスへの会員登録促進も定量で見える化を実施。店舗スタッフが期間を入力すると、その間に自分が接客した顧客の情報からアイテムやブランド別の購買履歴など、顧客の嗜好や購買傾向を簡単にチェックできるようにした。これにより、接客やイベント後にサンクスDMを送るといったアフターフォローの積極的な実施が可能になったという。

店舗で頻繁に実施しているポップアップストアやイベントプロモーションの告知方法も大きく変えた。

L社が扱うブランドは複数あり、ブランドごとにターゲットも違えば、プロモーションの内容によっても対象とする顧客層が違ってくる。そこで、正しい層に絞って告知をすれば効果が上がり、離反の防止にもなるという仮説を立て、全顧客のなかから本当に対象となる顧客だけを抽出し、メールやSNSなどの配信チャネルや会員情報側のパーミッションをかけ合わせて、セグメントを実施した。リストにして店舗に共有し、まずマスメディアをターゲットとしてSNSで拡散をした後、メール配信が可能な顧客には案内メールを送信している。メールもDMも送ってほしくないという顧客には店舗から直接電話をかけ、来店時にスタッフから口頭で伝え、店舗と連動したアクションを実施した。結果はどうか。

マーケティング担当者はいう。

「レスポンスや商品の購入率は大きくアップしました。弊社ではセグメントに重点を置き、対象のお客様が1000人でも10人でも関係ない。目先のビジネスインパクトより顧客接点の最適化を優先しています。そのイベントに合ったお客様に向けて訴求やアクションを行うことが何よりも大切ですね」

販促制作物の内容と送付対象を都度見直し

L社はいま、ターゲットごとに制作物を使い分ける施策も進めている。以前から、販促策としてハガキを送付していたが、ブランドの世界観を的確に伝え、よりロイヤルティを感じてもらえる紙媒体を追求するために、ハガキとタブロイドを送付するABテスト（特定の要素を変更したAとBの二つのパターンを用意して、ランダムにユーザーに表示し、それぞれの成果を比較することで、より高い成果を得られるパターンを見出す手法）を実施し、その結果を踏まえて、現在は完全にタブロイドの定期送付に移行した。顧客には年4回のペースで送付し、好評を得ている。

ただし、送付対象となる顧客はいつも同じではない。タブロイドの企画内容に応じて購入回数や購入金額、居住エリア、対象ブランドの購入経験など、毎回異なる条件で抽出をかけ、送付リストを作成している。

今後は顧客との接点をさらに強化するため、パーソナルなコミュニケーションができる独自機能を搭載したスマホアプリ化を検討中だ。また、優良顧客へのアプローチをメルマガ配信からＳＭＳへ切り替えたり、マスメディア向けと自社顧客向けに広告の出し分けをしたりするなど、カスタマージャーニーに沿ったアクションの最適化も計画している。

施策のブラッシュアップにも余念がない。クロスチャネルによる接点の強化を進め、マーケティングの費用対効果を可視化し、より施策に活かしていく方針だ。

マーケティングデータを全社で共有し、商品企画・販促・宣伝まで全社一体となった顧客体験の提供も進めている。

担当者はマーケティングについてこう話す。

「すべての原点は、お客様に上質な顧客体験を味わっていただきたいという想い。リアル店舗も自社ＥＣも購買チャネルとしてだけではなく、お客様との接点を持てる場所としてとらえています。来店やアクセスは顧客体験の一つ。買ってもらうだけ、売るだけという単なるアクションにとどまらず、チャネルを問わずにより良い顧客体験を提供し、顧客ロイヤルティを上げるために、マーケティングデータ活用と店舗を融合させていきたいですね」

施策結果を受けてコミュニケーションのあり方を変えたＭ社

データの統合から見える化、施策の実行を経て、自社の顧客を見つめ直し、コミュニケーションのあり方にメスを入れた会社もある。化粧品会社のM社だ。

同社は、スキンケア化粧品のお試し期間を設定し、「期間内に効果が望めます」「お肌の悩みを解消します」というようなキャンペーンを実施して、肌荒れに悩む女性の支持を集め、急成長をはたした。

目下の課題は、F2転換率（初回購入を行った新規顧客を2回目の購入に押し上げていくこと。CRMの重要指標の一つ）のアップ。同じ商品を買っていてもそれぞれにニーズが異なり、抱えている肌の悩みや不満も異なるのではないかという仮説を立て、あえて「2回目の購入に至らなかった顧客」に照準を合わせ、アンケート調査を実施して、要因を探った。すると、やはり顧客がいくつかのパターンに分かれていること、2回目の購入に至らなかった顧客には「ある理由」が共通してあることが判明した。

「ある理由」とは、肌に関する悩みの重さだ。肌荒れの症状が軽く、それほど悩みが深刻ではないという顧客には、その化粧品会社がうたっている「〇日間のお試し期間で効果が望めます」というようなキャッチコピーは効果的だ。実際に〇日間でそれなりの効果が得られるため、口コミでファンも増えている。

一方、肌荒れの症状がもっと重い顧客にとってはどうだろうか。「〇日」という数字で良くならなければ、裏切られたような思いが強くなる。「あんなに〇日できれいになるといっていたのに」と会社の方針に不信感を持つかもしれない。

そういう顧客には、「症状によって効果が出る期間は異なります」「お肌の症状が重い方はもっと時間がかかる可能性があります」「ただし、毎日継続的に正しい用法、正しい容量でお使いいただくことで症状の改善が期待できます」と告知したほうが誠実であり、ずっと心に響くはずだ。少なくとも、使ったあとで裏切られたような思いを抱く可能性は低くなる。

施策後の検証がPDCAを効果的に回していく

M社の話を続けよう。同社では、「美しい肌を作る」というブランドコンセプトで人気を高めてきた。にもかかわらず、症状が重い顧客をある意味で切り捨てるようなマーケティングコミュニケーションを行っていた。そこに気づいたのである。

もしフェイス・トゥ・フェイスで接客をしていたら、重い症状の顧客を前にして「○日で治ります」とは決して言えないだろう。

リアルの接客でできないことをオンラインでやってしまう。それは、デジタルの世界では実感が得にくいからだ。

既存のシステムは売上至上主義で設計してあるため、売った後のコミュニケーションについては考慮されていない。だからこそ、こちらから働きかけて、症状の度合いをヒアリングし、そこから分岐を作り、顧客とのコミュニケーションを最適化していく必要がある。

それこそが顧客に価値を提供するということであり、最終的には顧客の信頼を高め、ブランド力を上げていく。M社はいま、その仮説のもと、顧客によって伝えるメッセージを変更することを検討中だ。

このM社の例は、F2転換率のアップを目標に、一人の顧客に照準を合わせて施策後のデータをじっくりと検証し、それを次の施策（顧客に伝えるコミュニケーションの変更）につなげているというものだが、こうした取り組みを行っている企業はまだ少数派だ。ほとんどの企業では、どれほどの顧客が2回目の購入に至ったのか、その量を見て上がった下がったと一喜一憂し、今回の施策は良かった、悪かったみたいだと単純に結論づけるだけ。その要因を真剣に探らず、探ったとしても不十分のまま終わっているケースが多い。

しかし、PDCAを効果的に回すためには施策の成果とその要因までしっかり検証し、一人の顧客を通して実感を得ることが不可欠だ。実感なきPDCAをただ回しても意味はない。必要なのは、自分たちの顧客とはどういう人なのかを定量的、かつ定性的にとらえること。リアル店舗では、販売員は顧客の顔、声、反応、行動など、数字には置き換えられない要素を見て接客している。数値で顧客に相対しているのではない。

デジタルの世界もそうありたい。顧客の心理や感性もあわせて理解すれば、なぜ自分たちが選ばれたのか、買ってくれたのか、あるいはそうではなかったのかを読み解き、具体的に語れるようになるはずだ。

メールの配信タイミングを見直して、開封率が大幅にアップしたN社

実感マーケティングの事例として、最後にもう1社、興味深いケースを取り上げたい。通販化粧品会社N社の事例だ。

N社は、最初にサンプルを購入してもらい、それからレギュラー品購入へと導き、継続的に使用してもらうというアプローチでファンを育ててきた。商品を購入してもらうために、ユーザーに2段階（以上）のステップを踏んでもらうマーケティング手法である「2ステップマーケティング」を採用している。

先述のK社同様、まずデータの統合・可視化を行った上で施策を実行し、ブラッシュアップを重ねているが、その結果、興味深い成果が得られた。

2ステップマーケティングにおいては、サンプルを買った顧客のうち、何人が2回目の購入に至ったかを見るKPIが重要な指標となる。N社も、商品の購入後、30日後、60日後、

90日後で引き上げ率がどう変化したかをモニタリングしていた。

ところが、「ある施策」を講じると、90日後の引き上げ率が27・8%から36・2%に上昇。8・4ポイントの改善が確認されたのだ。合わせて、引き上げの中間KPIとして、施策が機能しているのか否か、顧客が見てくれているのかを確認するために開封率も調べたところ、45%から58・2%に13・2ポイント改善していることがわかった。

一般にメールの開封率は30%あれば上々とされ、施策の効果が高かったことは間違いない。いったい、N社はどのような施策を実行したのだろう。

ステップメールでは、商品を出荷した後に「そろそろ届きましたか」というメールを送るのが一般的だ。N社も同様のタイミングでメールを配信していたが、あるとき、これは企業視点の配信スケジュールではないかという仮説を立てた。

出荷日を起点にすると、顧客によっては商品がまだ届いていないケースも考えられる。郵便事情で遅れた、不在がちで受け取りが遅れた、宅配ロッカーに商品が入ったままになっているなど、さまざまな理由から、商品が実際はまだ開封されていないかもしれない。

そこに「いかがですか」というメールが届いたら顧客はどう思うだろうか。プラスの効果がないことは確かだ。

そこで、この初回のコミュニケーションを見直した。商品を出荷した日をトリガーにして一律に3日後にメールを送るのではなく、配達完了した人にだけメールが行くように変更したのだ。

配達完了日であれば、商品を開封していないという確率は非常に低い。手元に商品があるのとないのとでは、送ったメールの効果はまったく違う。N社は、具体的に顧客に伝えたいことが伝わる状態を確保し、顧客体験がしっかり届くようにしたのである。

顧客との初回のコミュニケーションは重要だ。その内容が的外れだったり、期待にそぐわないものだったりすると、信頼関係が損なわれ、次回の購入には至らなくなる。配信日の変更は小さな改善に過ぎないが、顧客の実態と心理を実感した上での改善だ。その効果は侮れない。

メールの件名や内容自体も変更

N社はまた、商品を購入した顧客ごとに悩みが異なることに着目し、ここにアンケートを組み合わせて、配達完了から10日後ほどのタイミングで購入客に現在の悩みについて尋ねている。Aという悩みを持つ顧客にはAプラスという情報を、Bという悩みを抱えている顧客にはBプラスという情報を届ける仕組みにするためだ。

肌の悩みとひと口にいっても、その内容は多岐にわたる。乾燥肌に悩む人、ニキビに苦しむ人、たるみやシワが気になる人。症状は人によってさまざまだ。

以前はそうした悩みや症状をひとまとめにして、出荷日を起点に同じメールを送信していたが、それでは顧客の心に響くはずがない。顧客の肌の状態や心理状況を踏まえたシナリオを設計し、地道に繰り返し情報を提供し、製品を長く使ってもらって効果を実感してもらうというスタイルに変更することで、N社の定期購入への引き上げ率は大きく向上した。

アンケートはテキストマイニングを駆使して分析している。このテキストマイニングについてはすでに第3章で詳しく述べているが、N社はアンケートの分析結果に沿って、メールの件名や内容自体にも手を入れた。これらの改善策も開封率アップに寄与している。

アンケートの回答率を上げるための施策にも注目したい。N社の場合、アンケートにはSMS（ショートメッセージサービス）を最大限に活用している。企業から販促のSMSが届くと敬遠されがちだが、アンケートの依頼についてはそこまでではない。SMSを使って、「お声をお聞かせください」とアンケートを依頼する手法は多くの企業が採用しているため、利用者の間でも一般化してきた。回答率もメールに比べて2倍の成果を出している。

SMSを通して、N社は自社商品への満足度や要望、顧客のリアルな悩みに触れ、顧客を実感し、その実感がPDCAサイクルに活きている。アンケートで得られた声はテキストマイニングで分析し、シナリオの見直しにも活用中だ。

メールを送ってもまったく届かない、開封してくれない。そうした一定数存在する顧客に対しては、N社は潔くメールでのコミュニケーションをストップ。ディスプレイ広告やDMを使ってブランドの再認知を図るといったオフラインでの取り組みを強化している。

メールを見たくないという顧客に重ねてメールを送っても、反感を持たれるだけだ。かといっていったんつながった関係を活かさないのはもったいない。状況に応じてチャネルを使い分け、内容を変えていくことが重要なのである。

実感マーケティングの具体的な手法

ここまで事例を紹介したところで、次に実感を得るための具体的な手法の紹介に移りたい。

150ページの図表4-1のように、実感マーケティングは、「個客をとらえる」→「個客を実感する（見える化・気づき）」→「個客に対して施策を行う」→「PDCAサイクル（小～大）の実践」の四つのステップで考えられる。

四つのステップを進めることで、顧客の理解を深め、接点を段階的に深めていくことができる。

1. 個客をとらえる
　①顧客に紐付く定量データの統合
　②アンケート、コールログなどの顧客の声の活用
2. 個客を実感する（見える化・気づき）
　①顧客群の動きを見る
　②個客の動きを見て変化と違いをとらえる
3. 個客に対して施策を行う
　①実感に基づくセグメント施策（コミュニケーション設計）
　②1to1施策
4. PDCAサイクル（小〜大）の実践

以下、それぞれの手法について順に解説していこう。

図表4-1　実感マーケティングの具体的な手法

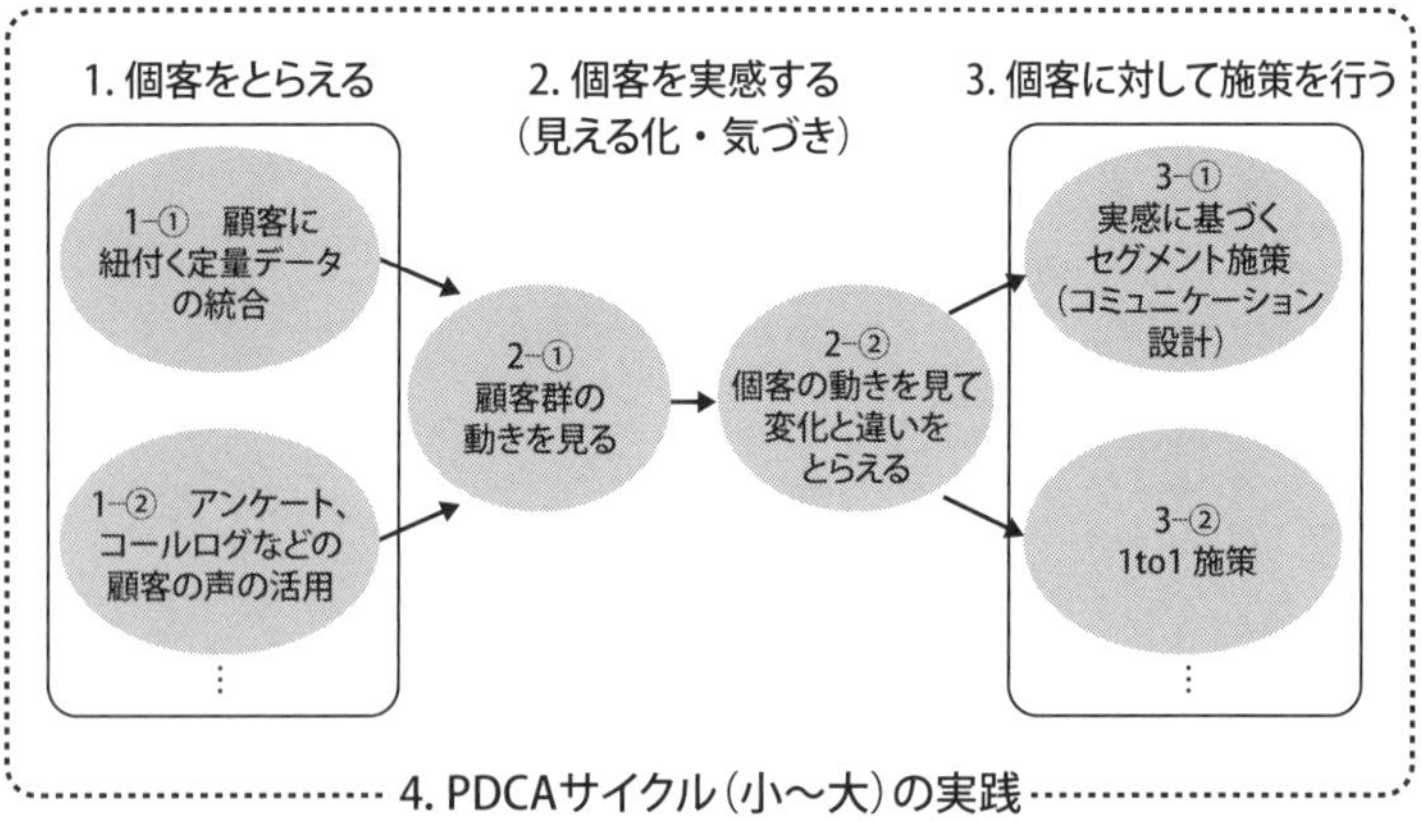

1. 個客をとらえる

①顧客に紐付く定量データの統合

ネット専業ではなく、実店舗を設けている場合には、オンラインとオフラインの情報のどちらも必ず活用したい。オフライン／オンラインの情報は購買情報だけではない。オフラインであればイベント参加履歴、接客メモ、顧客カルテ、問い合わせ履歴（詳しくは次章）も顧客に紐付く形で統合しよう。

接点の数だけ「実感」が広がり、深まる。店舗は顧客を実感する極めて有効な場だ。オフラインでしか得られない情報は多く、顧客を実感する上でオフラインは示唆に富む情報の宝庫といえる。顧客接点の濃い店舗の情報活用は必須と考えたい。

オンラインであれば、Ｗｅｂ上での行動履歴も追いかけ、顧客を特定した状態で活用しよう。

リアルとデジタルを比較すると、顧客との接点の濃さでは断然リアルがデジタルを上回る。逆に、デジタルには必要があれば顧客データを何度でも確認できたり、多くのＷｅｂの訪問履歴を追ったりできるなど、顧客接点が多いという利点がある。リアルでの接点の濃さを活用して、デジタル世界での顧客実感を促進していこう。購買情報のような最終的な結果の情報だけでなく、その過程のデータを利用することでより顧客の心理に迫ることができるはずだ。

アパレルショップであれば、実店舗で顧客が手に取った服や試着した服、来店時の服装のテイストや雰囲気、販売員との会話などを記録として残し、オンラインで購入した服やジャンル、開封したメルマガ、メールでの問い合わせ内容など一連の購買行動も合わせて、会員ＩＤで紐付けていく（次ページ図表4－2）。チャネル間やブランド間を横断して顧客の動きをとらえることも必要だ。最近は、一つの企業が複数のブランドを展開しているというケースが非常に多く、顧客もまた複数のブランドを使い分けている。どのブランドとどのブランドに興味や関心があり、オンラインとオフラインをどのように利用しているのかを把握すれば顧

図表4-2　オンラインとオフライン情報の活用

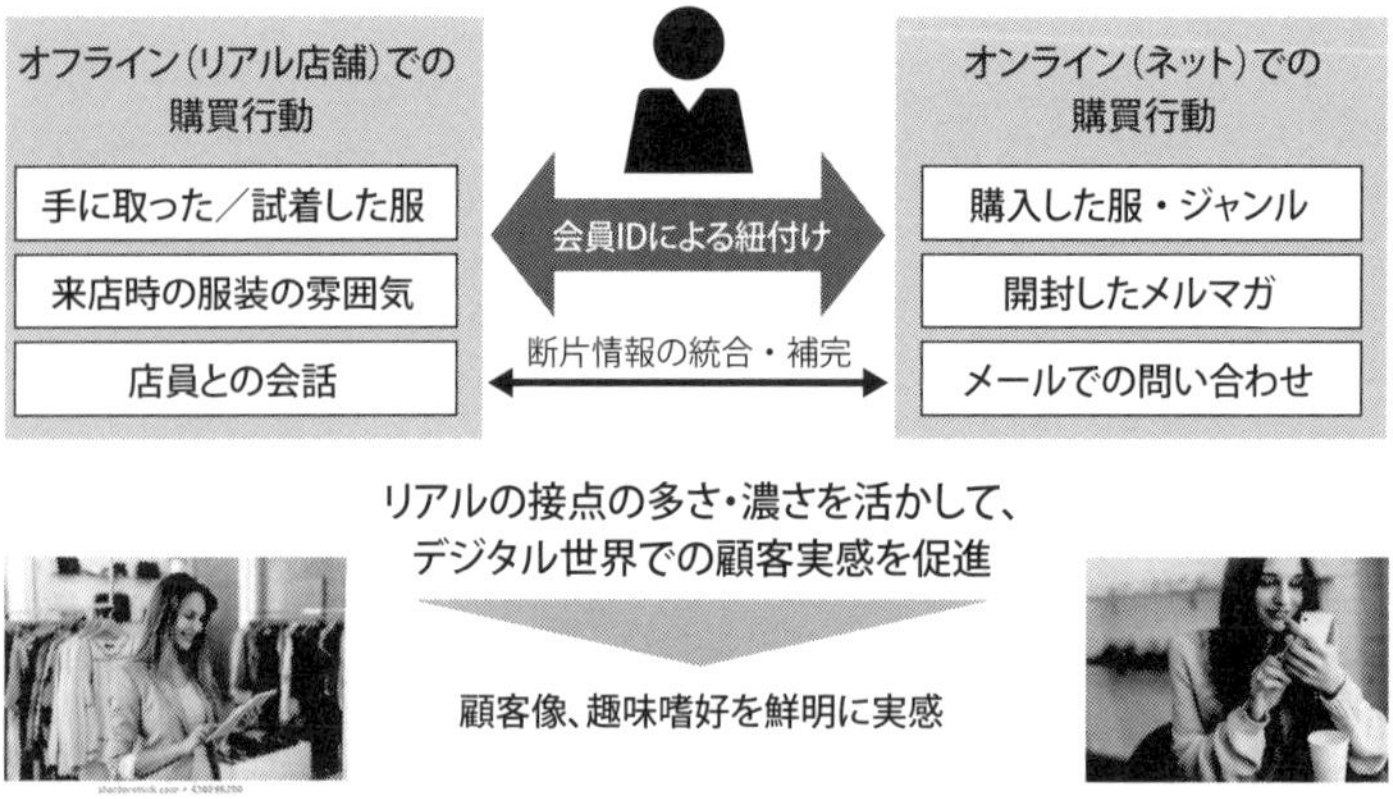

	リアル	デジタル
接点の多さ	△	○
接点の濃さ	○	△

客のライフスタイルの想像に役立つ。あるアパレル会社では、購入した商品の組み合わせから、「アウトドア派でキャンプを楽しんでいる」というライフスタイルを想像し、その想像をもとに施策の実行につなげていた。

　また、マーケティングの世界では、オムニチャネルやO2O（Online to Offline）に続く新しいトレンドとしてOMOが注目されている。OMOとは、「Online Merges with Off-line」の略称で、直訳すれば、オンラインとオフラインの併合だが、言い換えれば、オンラインとオフラインのチャネルを統合し、顧客体験を高めていくマーケティングとなるだろう。すべてのチャネルを統合し、より多くの消費者と接点を持つオムニチャネルとも、オンラインからオフラインへと顧客を導き、購買行動へとつなげていくO2Oとも異なり、OMOではあくまで顧客体験が軸となる。オンラインとオフラインの垣根をなくし、顧客が得られる体験を主軸にしたマーケティングだ。

オンラインとオフライン情報の活用とはまさにこのOMOの具現化にほかならない。顧客にとってはオンラインもオフラインも関係ない。どのチャネルであってもより良い顧客体験を提供していくために、オンラインとオフライン情報を徹底的に活用し、顧客の趣味嗜好、さらにはライフスタイルを鮮明に実感していこう。

②アンケート、コールログなどの顧客の声の活用

アンケートについては、回答者の本音までは見えにくい、潜在的なニーズや深層心理まで探れないことから、役に立たないという声もある。

もともと選択式の設問については、あらかじめ想定される回答からの選択となるため、想定外の仮説構築につながるような結果を得ることはなかなか難しい。

一方、自由回答を含めて、商品の購買など顧客の行動と紐付けて、その理由を効果的に尋

ねることができれば、行動や選択の理由や背景を知ることが可能となり、理由を把握できれば、次の打ち手につなげることができる。

アンケートは古くて新しい実感手法といえる。顧客の声を知るための有益な手法だが、さらにその対象に見込み顧客も含めると効果が広がる。サービスや商品を体験・体感している顧客と経験がない顧客、そもそもサービスや商品の存在を知らない顧客とでは得られる回答が異なってくる。既存顧客なら、サービスへの具体的な感想や改善要望、効果への実感の声などが出てくるが、見込み顧客であればサービスへのイメージや周囲の評判、期待感といった回答が得られるだろう。

この両方の違いを見ることが重要だ。何が期待され、実際には何が評価されているのか。その差異を確認しよう。

商品を購入した顧客に対しては、第3章の事例（104ページ）で取り上げたNPSの活用を推奨したい。購買データとアンケートのデータを統合することで、トランザクションNPSを測るのである。

トランザクションNPSとは、顧客が商品やサービス、店舗などを利用した直後に、その利用体験をどう感じているのかを調査する方法だ。この調査を行うと、例えば初回の利用時から5回目の利用時まで、価値認識の推移を追いかけることができる。

0～10までのおすすめ度のスコア値に加えて、その理由を自由記述で尋ねておけば、テキストマイニングで解析することで、その背景や趣味趣向、心情・感情の変化までとらえることができる。

さらにテキストマイニングを用いると単にキーワードの抽出・確認だけでなく、自由記述の文中に出現するキーワードに基づき、顧客のセグメントに活かすことができる。

例えば化粧品のECサイトで追加発注された際、「お友達への推奨意向」を尋ねたNPSアンケートにて「香り」「匂い」「フレグランス」のいずれかが文中に出てきた人は「香り」に惹かれた人、「デザイン」「ボトル」「容器」「パッケージ」のいずれかが出てきた人は「デザイン」に惹かれた人というように顧客をセグメントすることができる。そうすると、例えば「香り」に惹かれた顧客に対しては、「香り」を特徴とする関連商品を紹介するといった施策につなげることができる（次ページ図表4－3）。

テキストマイニングを活用すると、このようにあたかも顧客の属性として「香り好き」といったフラグが付与されていたかのように、施策対象を指定するセグメント条件として活用できるようになる。

長年販売している商品で主な購入理由のパターンがわかっている場合には、選択項目として尋ね、「その他」だけ自由記述で回答してもらうこともできる。一方、新商品やアイデア商

図表4-3　NPS調査

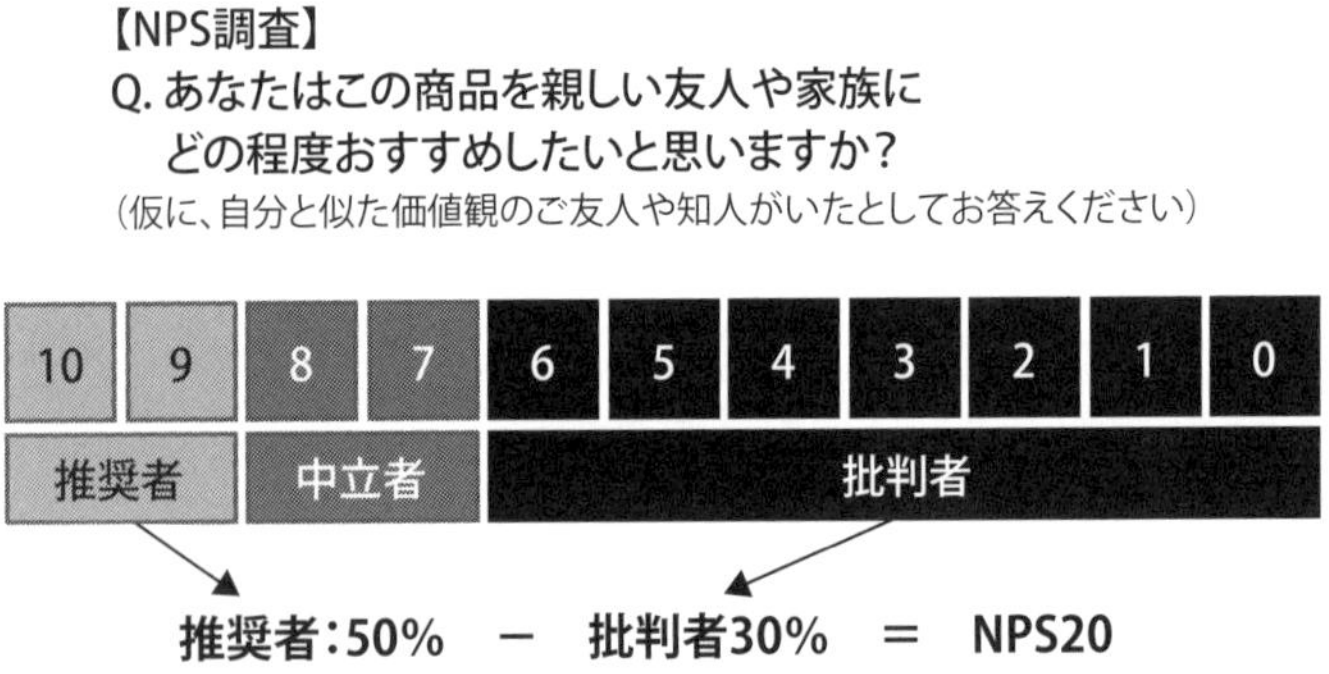
【NPS調査】
Q. あなたはこの商品を親しい友人や家族に
どの程度おすすめしたいと思いますか？
（仮に、自分と似た価値観のご友人や知人がいたとしてお答えください）
10
9
8
7
6
5
4
3
2
1
0
推奨者
中立者
批判者
推奨者：50%　－　批判者30%　＝　NPS20

※NPS®はベイン・アンド・カンパニー、フレデリック・F・ライクヘルド、サトメトリックス・システムズの登録商標です。

品であれば、自由記述の設問を効果的に活用することで、思いがけない購買理由として、企業側が想定していないような使い方や使用者、シーンなどを知ることができる。このほか、アンケートについては先のN社の事例でも触れたように（144ページ）、商品の配達が完了した後で実施し、その内容を受けてシナリオを設計する方法も取り入れたい。シナリオにアンケートを組み込むのである。顧客の悩みや要望に合わせてシナリオ分岐を行えば、その後のメールの開封率は向上する。

また、コールログとの統合分析もぜひ実施したい。

多くのコールセンターでは、オペレーターが電話対応を終えた後、どのような問い合わせ内容だったか「コールログ」としてデータ

図表4-4　NPSアンケート　テキストマイニングの活用

関心事	分類条件（アンケート回答の自由記述の文中に出てきた単語）
香り	香り、匂い、フレグランス…
デザイン	デザイン、ボトル、容器、パッケージ…
…	…
保湿	保湿、保水、うるおい、肌-乾燥、皮膚-乾燥、…
美白	美白、ホワイトニング、…
…	…

（単語）－（単語）：係り受け。1つの文中で主語と述語や修飾語と被修飾語、動詞と目的語など、単語同士が構文的につながっている（係っている）状態。

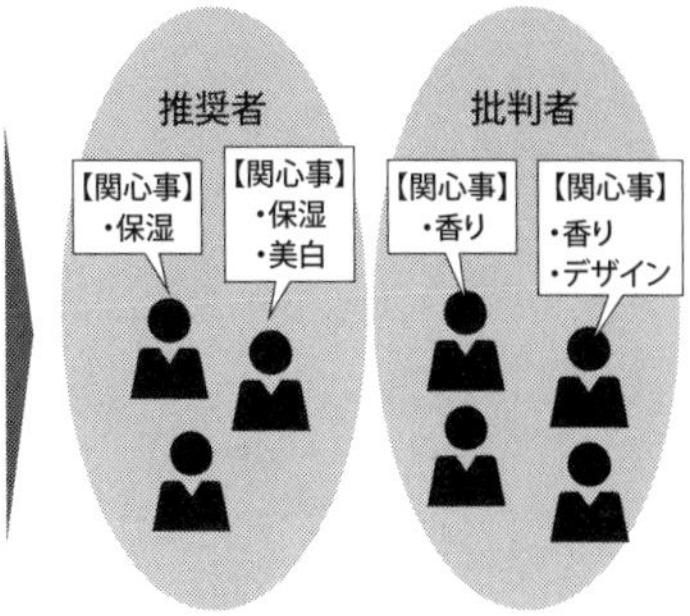

入力・蓄積し、製品の改善やコールセンターにおける応対改善に活かそうとしている。

顧客情報がデータベース化されていれば、電話応対時に名前と電話番号を確認することで、顧客データベースと問い合わせ内容を連係できる。顧客とのコミュニケーションにリアルタイムに活かすことができるようになるのである（図表4-4）。

例えば美容商品を扱う会社であれば、コールセンターにおける顧客との会話のなかで、肌に関する日ごろの「お悩みごと」「お困りごと」をうかがう機会が多いが、このコールログをテキストマイニングで分析し、前述のセグメントを行うことで、「お悩みごと」のタイプに応じてメルマガで情報提供することも可能だ。メルマガを、単なる販促手段とし

図表4-5　コールログをテキストマイニングで分析し、施策に活かす

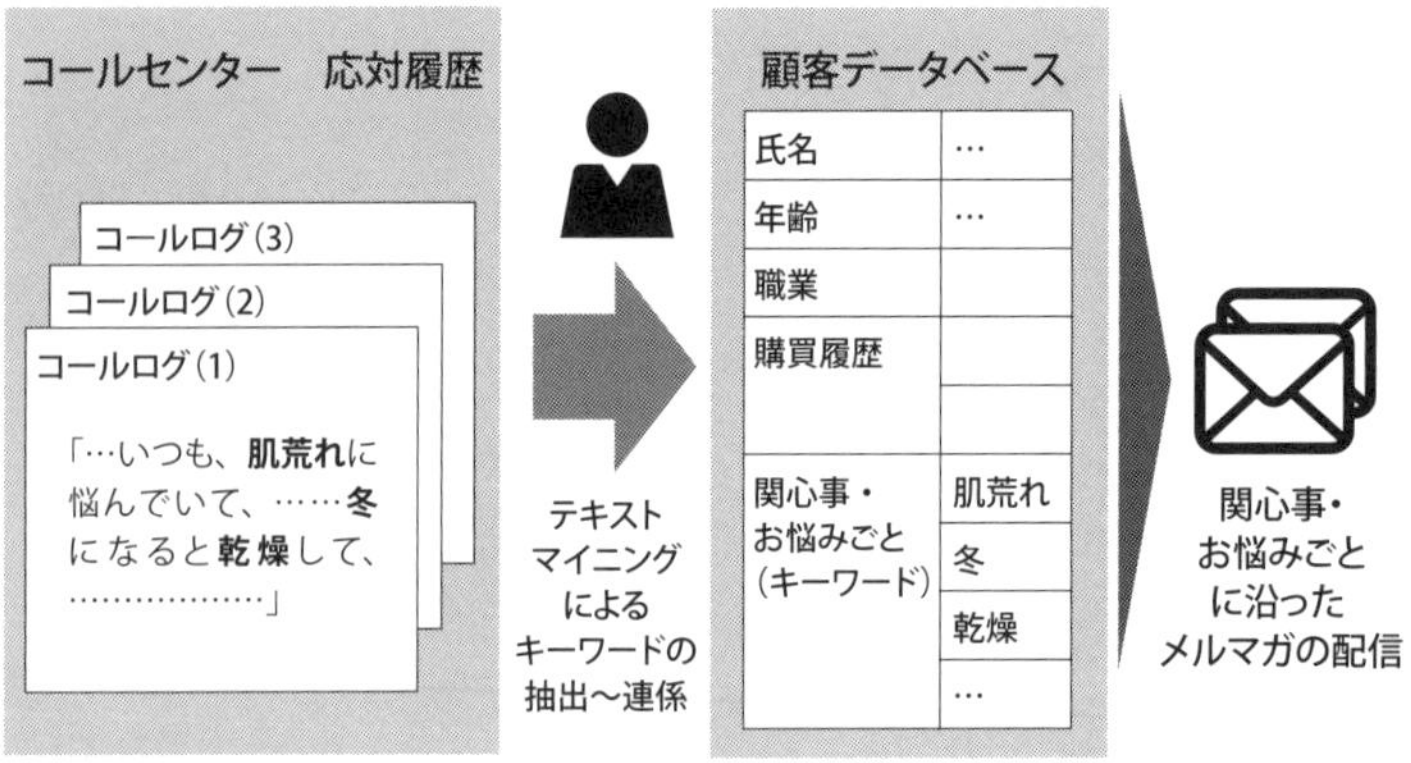

てではなく、顧客の「お悩みごと」に答え、「お困りごと」の解決に役立つ情報を届ける手段として効果的に活用すれば、自社のファンに育てていくことができるはずだ（図表4-5）。

以上のようにアンケートやコールログには顧客の生の声が集積している。活用しない手はない。

2. 個客を実感する（見える化・気づき）

①顧客群の動きを見る

次に顧客群の動きを見ていく。

RFM分析やデシル分析など現在の状態を把握するような分析は、時系列で見ようとした場合には「輪切り」や「断面」になっているため、そこから変化をリアルにとらえるためには一定

図表4-6　顧客群の動きを見る　～シナリオに対する動き～

顧客の動きを可視化することにより、効果のある動線をより直感的に認識できる

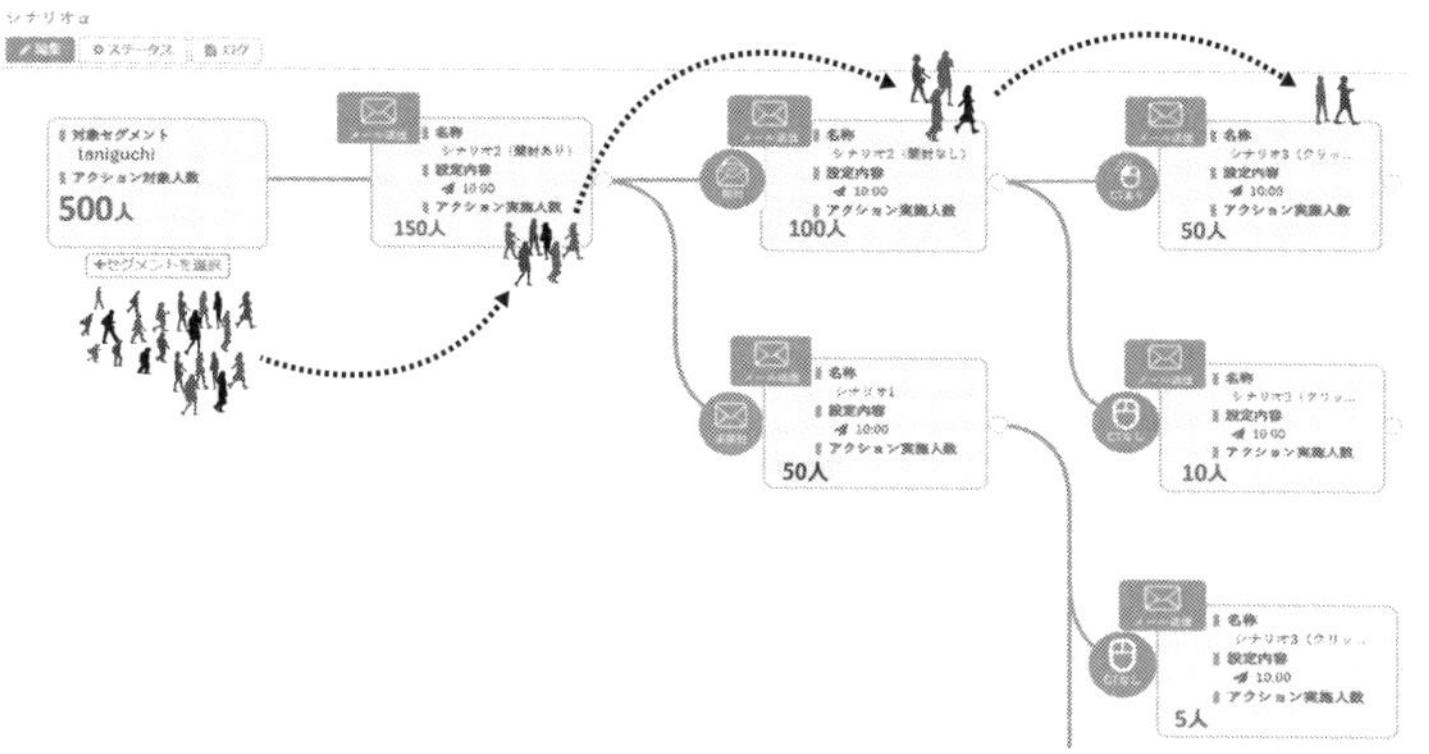

の経験、テクニックが求められる。直接的に変化をとらえるためには紙芝居的に動きを表示する仕組みが有効だろう。その後の変化を想像しやすくなるはずだ。もっとも効果的なのは、顧客の動きそのものをビジュアル化する方法だ。どの動線が効果があるのかを直感的に認識できるようにしたい。

図表４－６は、施策ごとに顧客がどこにどれぐらい流れ、どれぐらいこぼれていったのかを見える化したものだ。５００人を対象に一定の条件でセグメントをかけ、うち１５０人にメールを送ったところ、開封したのは１００人で、未開封は50人であり、その後、施策によってどう顧客群が変化していったのか、その流れがおわかりいただけると思う。開封した顧客１００人と未開封だった50人に

図表4-7　顧客群の動きを見る　～メールコンテンツの閲覧～

クリエイティブとあわせて、動的・リアルタイムに顧客の反応を見る

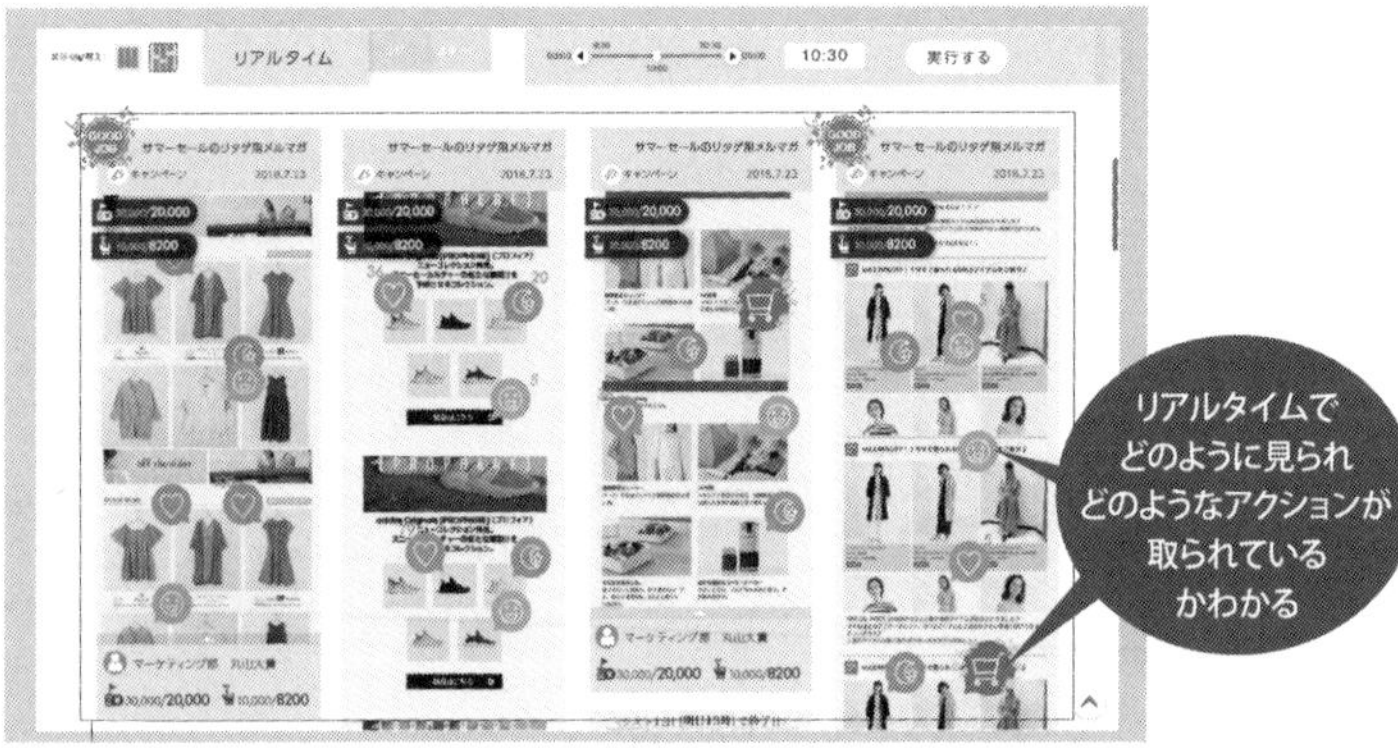

それぞれまたメールを送ると、その後の反応はどうだったのかも、一目瞭然だ。シナリオ上を顧客がどう動いたのか、顧客が離脱しやすい箇所はどこかなどを把握することで、一人ひとりの「個客」を把握する前の気づきになる。可視化の大きな効果である。

顧客に送ったメールを視覚的に並べて、メール文のどの部分や項目に顧客が反応しているかを可視化して比べる方法も有効だ（図表4-7）。具体的には、2種類のメールを横に並べて、それぞれのメールのどの箇所がクリックされているかを比較する。この方法なら、縦に長いメールであっても顧客がしっかりと下部のほうまで目を通しているかどうかや、スクロールしながらどのボタンをクリックしているかもわかりやすい。メールを比べてみ

ると、顧客の心にささった商品や表現が浮き彫りになってくる。

またクリックに至るまでの行動の流れから顧客の興味の移り変わりを把握できる、いわゆるヒートマップによる見える化も有効だ。

さらに、シナリオの変更履歴を見ながら、それによって顧客の動きがどう変わってきたかをとらえる方法もおすすめしたい。この方法を駆使すれば、シナリオの変更履歴を見ながら顧客との関係を磨いていくことが可能になる。

なお、シナリオ上の顧客の動きはサイネージ化し、共有できる環境をつくるなど、組織全体で顧客の動きを実感、共感できる状態が望ましい。

②個客の動きを見て変化と違いをとらえる

顧客群の動きを見たら、次は「個客」の動きを見ていこう。セグメントされた顧客群からカスタマージャーニーをより深掘りし、顧客一人ひとりの動きをとらえ購買行動を想像するステップである。このとき、想像力を最大限に駆使して、「妄想」レベルまでイメージを膨らませたい。

各タッチポイントでの動きを横断的に見ていくと、一人ひとりの違いが見えてくるはずだ。

断面的なＫＰＩを追いかけるのではなく、会員登録時からメールへのアクション、ＬＩＮＥでの反応、閲覧履歴、コンバージョン、ＮＰＳの推移など、横断的に動きを把握したい（図表4―8）。

従来のＲＦＭ分析も活かしたい。個客をマーキングし、定点分析を行って個客の動きを可視化していくのだ。個客の動きを見ることは、実感マーケティングの本丸だ。「この個客に対して何をすべきか」を考えながら、個客に提供する体験価値のタイミングや質の見直しにつなげていこう。

個客の動きを見たら、次に個客の動きの違いを見ていく。購買に至った個客と至らなかった個客など、カスタマージャーニーの変化と違いをとらえるのである。

ここでは、個客の「変化」と「違い」に気づくことが重要だ。「変化」と「違い」はどう異なるのか。「変化」とは個客の行動などの「変化」だ。過去の行動パターンと現在の行動パターン、感情や価値認識がどう変わったかを追いかけていく。購買のタイミングや頻度がどう変わったのかという行動の変化をとらえ、嗜好やロイヤルティがどのように変化したのかという感情の変化を見る。さらに、購買理由やクレーム理由、おすすめ理由の変化など価値認識の変化についても忘れずに確認しよう。

一方、「違い」とは個客と個客との「違い」だ。顧客が１００人いれば１００通りのパター

図表4-8　個客の動きを見る（カスタマージャーニー）

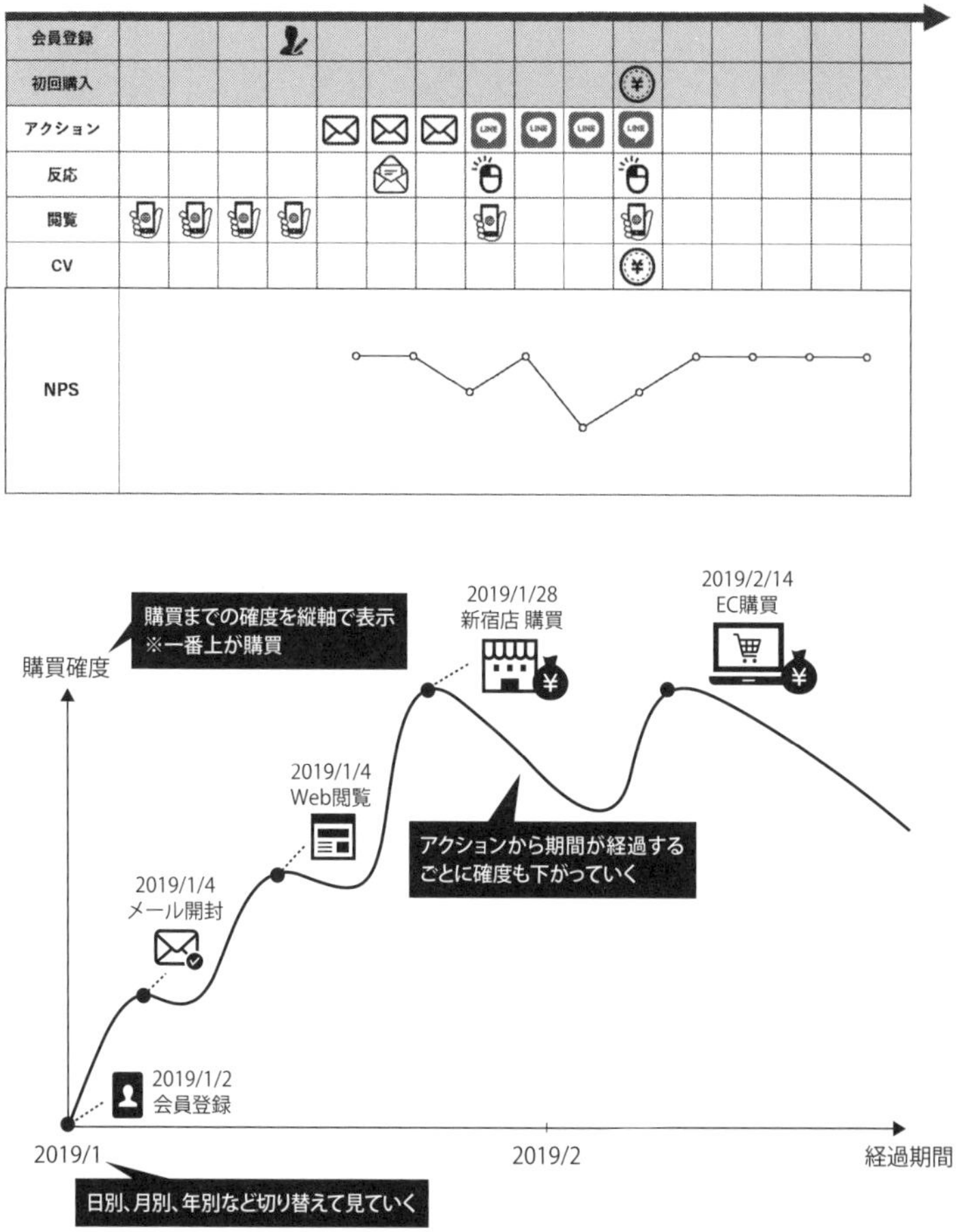

ンがあり、似ているように見えても、その内実は同じではない。AさんとBさんの違いは何か。属性はもちろん、行動、趣味嗜好、価値認識の違いにまで目を向けよう。個客同士の特徴とその度合いをとらえることで、個客の動きに合わせた体験価値提供の改善ポイントを洗い出すことができる。

個客と個客を比較するときには、平均的な人と極端な人を比較するのが王道だ。違いをより把握しやすくなるからだ。基本属性や継続期間、ランクやスコアはどう違うのかといった属性の違いを把握した上で、購買のタイミングや頻度がどう違うのかという行動の違いを確認し、さらに購買理由やクレーム理由、おすすめ理由の違いをチェックしよう。

LINEやメールで情報を届けても一切反応がなく、クリックされることがなくても、いきなり商品を購入する個客もいる。しかし、そうした個客はこちらが見てほしい情報が届いていない個客でもある。情報をしっかりと受け取った上でリアクションし、購買行動に移ったAさんと、情報には目もくれず購買に至ったBさんとでは、長い目で見た場合、どちらが継続率が高くなり、ブランドに寄与するかは明らかだ。

情報量が少ないと、どうしてもブランドへの思い入れは小さくなる。図表4-9のように、シナリオに反応した佐藤さんと反応しないエクストリームな加藤さんの違いを見て、情報をどう補っていくべきかを考え、次の施策に活かすのである。

図表4-9　個客の「変化」と「違い」が気づきの重要なインプット

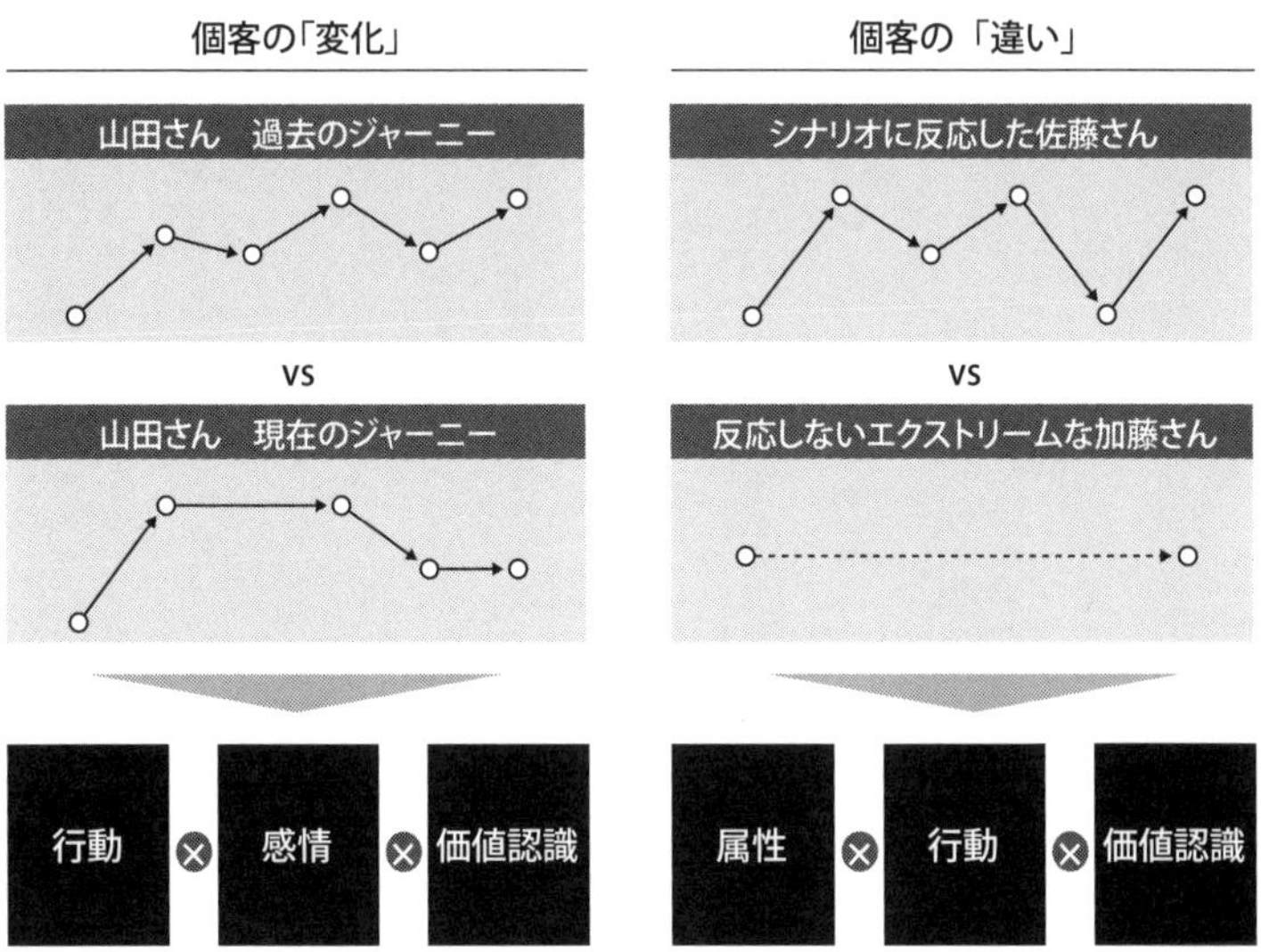

3. 個客に対して施策を行う

①実感に基づくセグメント施策（コミュニケーション設計）

ここからは、いよいよ個客に対して施策を行うステップである。実感を活かす効果的な方法が、セグメントの拡張だ。

まず特徴的な個客を抽出し、深掘りして実感した後に、この個客に類似している顧客を拡大し、施策のターゲットとなる顧客グループを発見していく（167ページ図表4-10）。個客の動きを見て変化と違いをとらえた上でセグメントを行うと、「この人に喜んでもらうためには」「この人たちが求めるものとは」という妄想が進み、セグメントに対するコミュニケーションも検討しやすくなる。ここがマーケターのチカラの見せどころだ。この先に何をするのかを考えて、それを形にしていくのがマーケターの仕事である。

それを助ける仕組みとして、ブラックボックスにならない範囲で自動的に最適化するような仕組み（最適時間帯配信など）や、大量データから類似した顧客を抽出する仕組み（データマイニング、テキストマイニングなど）も活用したい。

類似した顧客とは、ある施策に反応している、ある商品やカテゴリーばかりを偏って購入している、NPSがある時点で下がっているなど、共通の特徴を持っている顧客だ。例えば、ファクトベースで一人の個客を深掘りし、「キャンプに使う商品ばかりを購入しているからアウトドア好き、キャンプ好きに違いない」と想定できたら、その個客と共通の特徴を持つ顧客を集めてセグメント化していく。

性別や年齢などの顧客属性でのセグメントと違い、個客への「実感」から得た購買行動などから設定したセグメントはそのセグメントに響く効果的な施策を考えやすい。施策の成否は、データからいかに気づきを得られるかにかかっている。実感に基づくセグメントを行って施策ターゲットにしよう。

図表4−10　実感に基づくセグメント設定

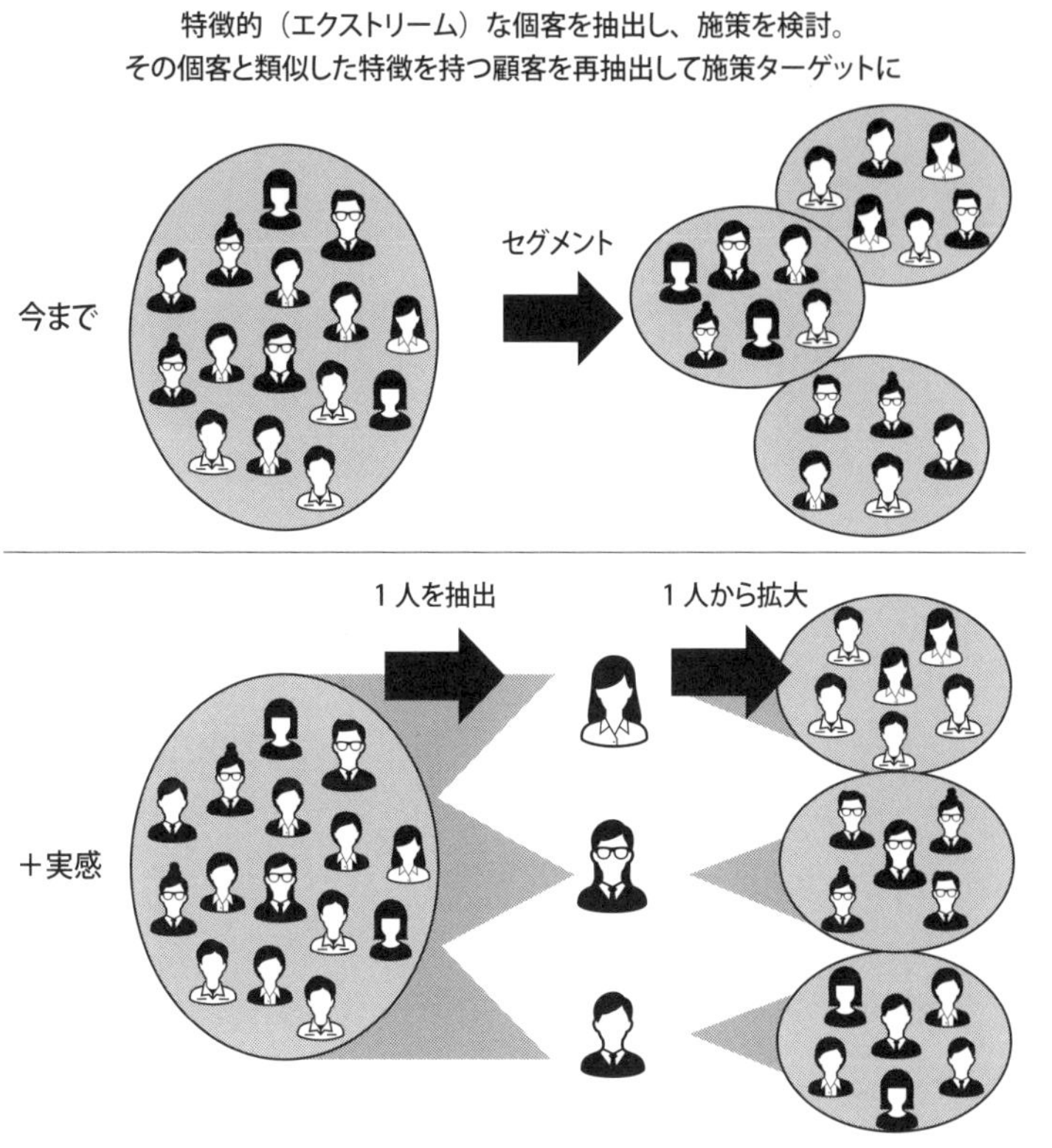
特徴的（エクストリーム）な個客を抽出し、施策を検討。
その個客と類似した特徴を持つ顧客を再抽出して施策ターゲットに
今まで
セグメント
＋実感
1人を抽出
1人から拡大

ＥＣであれば、注文直後〜到着を待つ間〜到着時〜使用した後などの顧客体験があるが、その体験ごとにポジティブな気持ちやネガティブな体験を想像し、それをさらに深め醸成させる、あるいは軽減するコミュニケーションが必要だ。そのようなコミュニケーションシナリオも、時系列で追いかけ、その間の顧客体験を想像しながら組み立てたい。インターフェイスとして、カスタマージャーニーマップを見た上で施策を練るとスムーズに運びやすい。実感に基づくことで、シナリオ自体もブラッシュアップされる。

新たな気づきが得られたら、その都度、一度組み上げたシナリオはどんどん更新していこう。この変更履歴が次の施策に活きていく。

なお、施策を実行した結果は、顧客をとらえるためのインプットデータとして「個客をとらえる」にフィードバックされていく。こうした顧客実感サイクルを回していくことで、顧客に提供できる体験価値はより精度を増し、磨かれていくはずだ。

②１ｔｏ１施策

セグメント拡張とは違って、個々の顧客を対象に、それぞれの趣味趣向を理解し、それぞれに合ったメルマガの配信などを実施するのが１ｔｏ１施策である。

図表4-11　テキストマイニングにより個客の趣味趣向をとらえ、1to1でレコメンドする

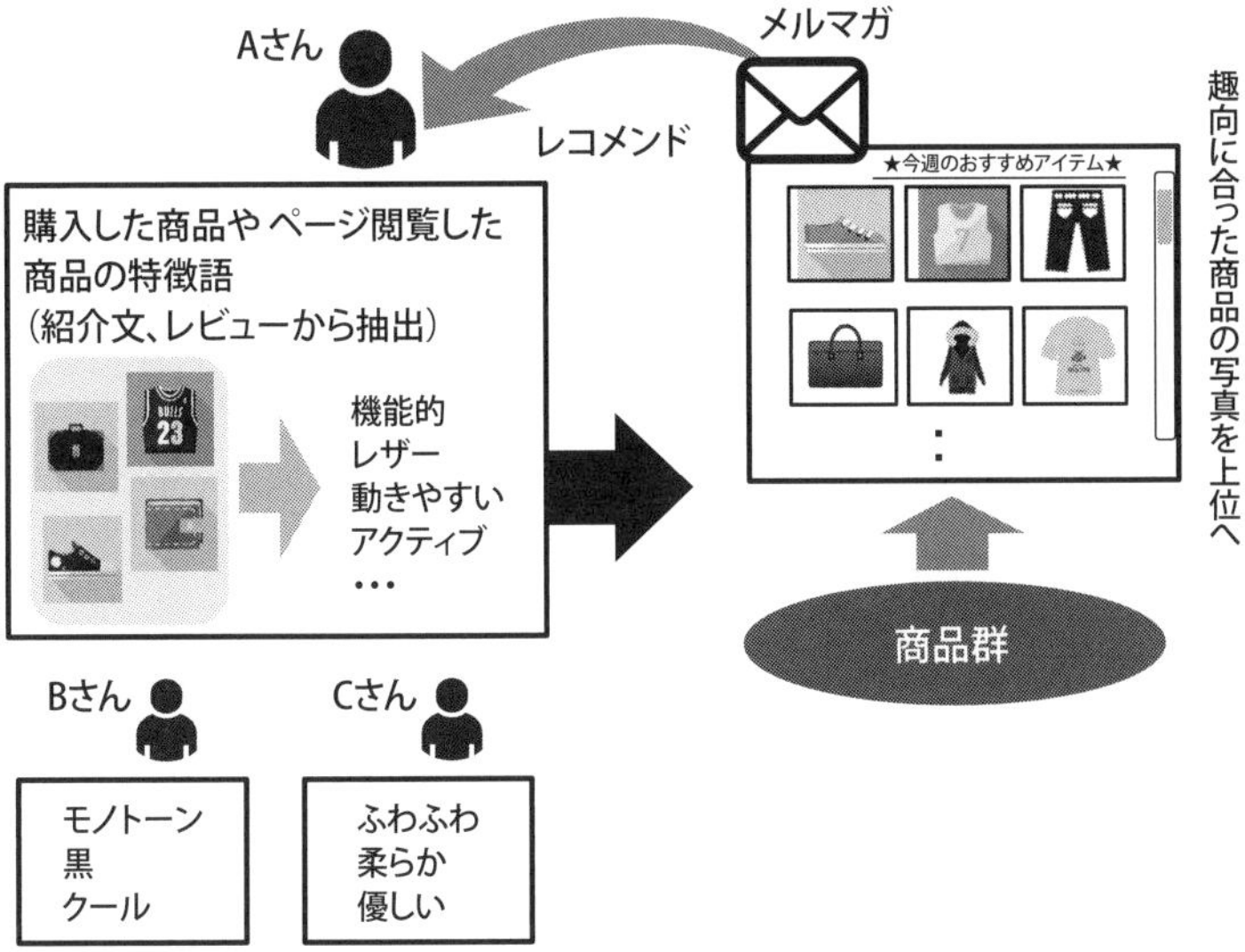

例えば、アパレルのECサイトの場合、商品ごとのページには、その商品の特徴やおすすめのコーディネート、着てほしいシーンなどの紹介文が掲載されている。顧客ごとに過去に購入した商品、Webページに訪れて閲覧した商品について、紹介文をテキストマイニング分析することで、その人が過去に関心を持った商品群に特徴的に表れる「特徴語」を抽出することができる。

図表4-11では、Aさんは「機能的」「レザー」「動きやすい」「アクティブ」、Bさんは「モノトーン」「黒」「クール」、Cさんは「ふ

わふわ」「柔らか」「優しい」など、顧客一人ひとりの嗜好をキーワード化することができる。

例えば、メルマガに新作商品の写真を掲載して送る際、顧客の嗜好のキーワードが紹介文に多く登場する商品をメルマガの上部のスクロールなしで見られる場所に持ってくることで、購入を促すことができる。

従来のレコメンド手法では、過去に購入した商品のカテゴリーやブランドからおすすめ商品をピックアップすることがあるが、例えばコートを買った人にすぐにまたコートをおすすめしても購入にはつながらないし、コートに合うマフラーをおすすめしようとしても、共通のブランドをおすすめするか、あらかじめ提供側が決めたコーディネートの組み合わせに限定される。そうではなく、商品のカテゴリーやブランド、色、サイズといったスペックだけからではわからないニュアンスを把握し、顧客の趣味趣向に対応したレコメンドを実施する。

第2章で、行き過ぎた自動化はブラックボックス化を招くと指摘したが、すべてを自動化に委ねて思考停止に陥るのではなく、その成果をしっかり検証し、実感に基づき適宜ロジックのチューニングを行いながら、効果的な1to1施策を目指したい。

4. PDCAサイクル（小～大）の実践

施策を実行したら、そのデータを蓄積し、KPIをベースに数値的に効果を検証するとともに、必ず、個客までドリルダウンしてその反応を確認・実感し、次の施策を考えるといったPDCAサイクルをしっかり実践していくことが大切である。

一般に、数週間～数ヶ月といったサイクルでPDCAを回し、実施した施策の効果に関する検証結果と次の施策案を社内会議で報告し、承認を得た上で、次の施策の準備に取り掛かるといった「大きなPDCAサイクル」がある（次ページ図表4-12）。施策の抜本的な見直しや膨大な投資を伴う大がかりなキャンペーンなどにおいては、組織として意思決定し、社内に認知・徹底を図る上で必要なプロセスといえる。

一方で、施策シナリオの微調整やターゲットを少しずらした再試行～結果の比較評価～見直しといったレベルの「小さなPDCAサイクル」においては、一定の裁量の下で、現場レベルでリアルタイム性高く、高速回転を目指していきたい。この「小さなPDCAサイクル」を有効に機能させるためには、これまで述べてきた実感を加速するための「仕掛け」も考えたい。

例えば、デジタルサイネージなどは有効な仕掛けとなり得る（次ページの下イメージ写真）。オ

図表4-12　大きなPDCAサイクルと小さなPDCAサイクル

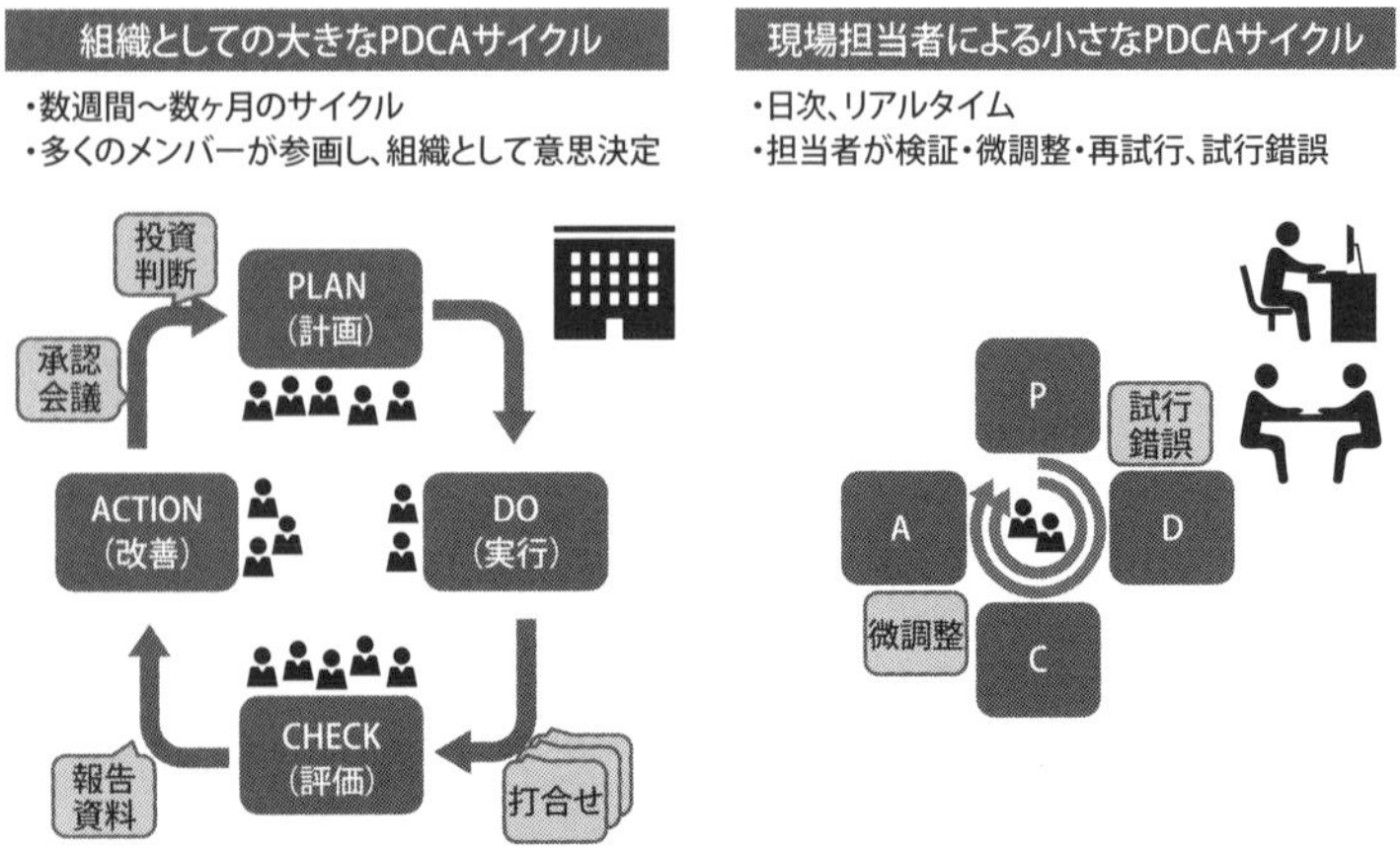

休憩スペースにおけるデジタルサイネージ活用イメージ

フィスの居室はもちろん、休憩スペースや社員食堂など、日々関係者の目に触れる場所に顧客のリアルな声が流れ続けていたらどうだろうか。

顧客の声を日々、浴び続けるための仕掛けである。

そこに社員同士の対話が生まれる。担当者それぞれが自身のパソコン画面を睨んでいるだけでは、発想は閉じたものになりがちだ。社員同士が顧客を実感し、想いを巡らせながら、日常的な対話のなかで発想を広げ、すぐに実践につなげていく。

リアルなフィードバックの積み重ねこそが、小さなＰＤＣＡサイクルの原動力となっていく。

顧客の実感には、ヒトと組織を変える力がある。

こうした大小のＰＤＣＡサイクルを回していくことで、顧客に提供される体験価値は研ぎ澄まされていくはずだ。

実感マーケティング成功のための七つの留意点

①自社の提供したい体験価値を洗い出し、目的を明確にする

私たちが考える「実感マーケティングを成功へと導くための最短ルート」は、ＰＤＣＡを本質的に改善し、顧客を実感する気づきを得て、施策に活かしていくための進め方である。

いま、多くのマーケティング部署は施策の改善サイクルに問題を抱えている。アイデアを出し施策を実行し、結果をしっかり振り返り、次の新たな施策を実行するというのが理想である。

しかし、施策を実行した後の振り返りが不十分なため、ＰＤＣＡのＰ（計画）とＣ（評価）が不足し、Ｄ（実行）ばかりを繰り返している企業が多く、Ｃが圧倒的に不足している。

Ｃを補うために必要なのが、本書のテーマとして挙げている「実感」である。顧客を実感する振り返りのプロセスがなければ、ＰＤＣＡは改善しない。データに基づいて施策を実行し、意思決定できる環境を作るということだ。一つのプラットフォームのなかでＰＤＣＡが高速回転する環境が望ましい。

図表4-13　実感マーケティングのステップ

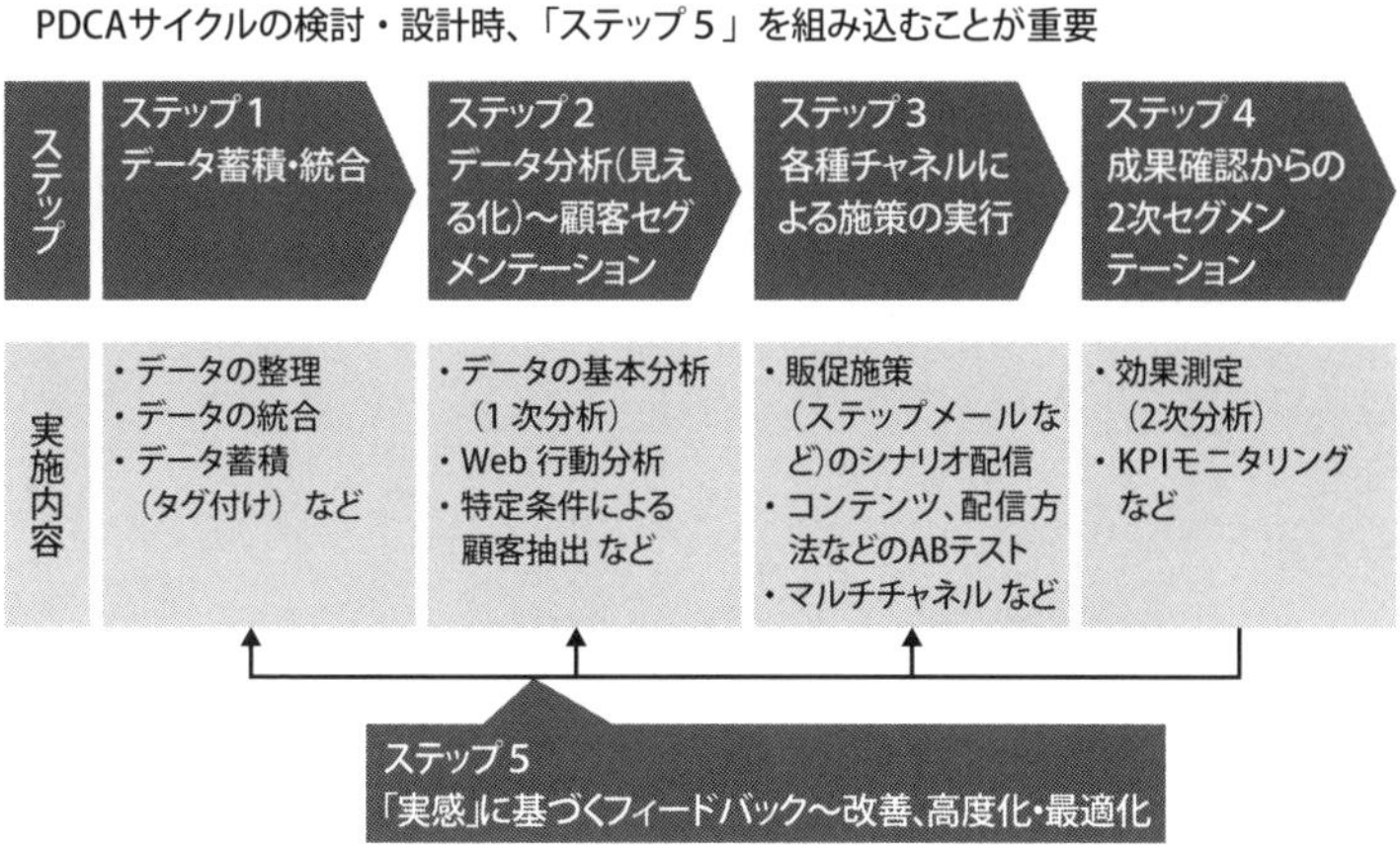

具体的に、実感マーケティングを進めるステップを図表4-13に示す。

なお、これまでも繰り返し述べてきたように、最初に行うべきは、自社の提供したい価値（体験価値）を洗い出して目的を明確にすることだ。ステップ1～5として具体的な手順を紹介しているが、ステップ1に入る前に必ず目的をクリアにしておきたい。この前提があってこその実感マーケティングである。

ステップ1：データ蓄積・統合

ステップ2：データ分析（見える化）～顧客セグメンテーション

ステップ3：各種チャネルによる施策の実行

ステップ４：成果確認からの２次セグメンテーション（細分化）
ステップ５：「実感」に基づくフィードバック～改善、高度化・最適化

ステップ１から５へと進める過程で、先に述べた「実感を得る具体的な手法」を駆使してほしい。各ステップでの注意点は以下の通りだ。

ステップ１〈データ蓄積・統合〉では、会員マスタ、注文履歴、Ｗｅｂアクセスログ、サービス利用履歴、その他マーケティングデータを蓄積し、会員マスタを軸にデータを行う。自社サービスに関連するさまざまなデータも組み合わせていきたい。ただし、くれぐれもデータ統合を目的にしないことだ。データ統合ありきで、あれもこれもと欲張ってデータをかき集め、統合のみにひた走っては本末転倒である。自分たちは顧客にどのような価値を提供していきたいのか、その目的を踏まえてデータを統合しよう。

このステップでは、入り口の顧客情報や顧客に紐付く行動データを統合するだけではなく、施策を行った後の成果や結果も含めて、横串で見ていくことが重要だ。一人の個客に絞って傾向や特徴、ニーズを読み取っていけば、そこからマーケティングは進んでいく。ちょっと大げさな言い方になるが、一人の個客を動かせばマーケティングはうまく運ぶ。

ステップ２〈データ分析（見える化）～顧客セグメンテーション〉では、ステップ１で統合

したデータをもとに、顧客データや注文内容、優良化のパターン、サービス利用状況、Ｗｅｂ行動などの分析を行い、セグメンテーションを実施しよう。セグメンテーションについてはざっくりとした簡易なものでかまわない。仮説に基づいて施策を実施する対象者や分析対象者を抽出しよう。

ステップ３〈各種チャネルによる施策の実行〉からは、いよいよ施策の段階に入る。ステップ２で抽出した顧客に対して、メール、ＬＩＮＥ、ＳＮＳ、Ｗｅｂ接客、アプリなど各種チャネルのタッチポイントを強化し、キャンペーンやアンケートなどの施策を実行していこう。施策をシナリオ化して実施したり、ＡＢテストを実施したりするのもこのステップだ。

実行する販促施策を顧客に最適化させるには、必ず以下の四つを確認したい。

Ａ．誰に…………Ｗｈｏ：ターゲット
Ｂ．何を…………Ｗｈａｔ：クリエイティブ
Ｃ．いつ…………Ｗｈｅｎ：タイミング
Ｄ．どのように……Ｈｏｗ：チャネル

この四つの組み合わせによって販促の最適化は実現される。どれか一つの視点が欠けてもいけない。

例えば誕生日に送るクーポンなどはもちろんだが、ステップメールなども、タイミングを

間違えれば、肝心の効果が得られないどころか不評を買いかねない。新着情報、優良顧客へのシークレットな販促案内、実店舗への送客を促すアクションとしてセールの案内を送る際にも、ふさわしいタイミングを見定めたい。そのためにも、データの整理と紐付けが必須である。

そして、顧客にコミュニケーションを働きかける際には、「伝える」のではなく「伝わる」を重視しよう。企業側のスタンスである「伝える」から、相手があってこその「伝わる」へ。企業側のメッセージがごく自然に顧客の心に浸透していくように、伝えようとする相手を選び、「伝わる」メッセージの内容を精査し、タイミングを計って、適切なチャネルで施策を実施したい。

ステップ4〈成果確認からの2次セグメンテーション（細分化）〉は施策を検証するステップだ。ここでは、単体施策の結果やシナリオの結果、サイト流入状況の集計を行い、チャネルを横断した施策の評価を実施していく。そして、それらの結果を踏まえて、2次セグメンテーションを行おう。新しい切り口を検討し、さらに細かくセグメントした上で顧客グループを作り、施策を実行する。

検証する際には、施策単位ではなく、顧客単位で成果を振り返ることが重要だ。例えば、メルマガを1000人に送付したら、開封率が30％で、そのうちクリックしてくれたのが10

%、購入に至ったのは5%だった――。そうした数字を施策単位で追いかけているだけでは、PDCAに本当に必要な情報が得られない。

ステップ1では、顧客単位でデータを束ねていたはずだ。それなのに、施策の結果を見るときになると、なぜか施策単位になっている。これはよく考えれば、非常に不思議な転換ではないだろうか。

入り口が顧客単位なのだから、結果の確認についても顧客単位で行うのが当然だ。施策単位で分析結果を眺めるのではなく、分析結果を深掘り（ドリルダウン）することにより仮説を検証し、結果に至った背景を考察する。分析した結果からドリルダウンして顧客を抽出したら、施策結果も含めた統合データから、改めて個客一人ひとりの細かい情報を確認するのである。これが、ステップ5〈「実感」に基づくフィードバック～改善、高度化・最適化〉だ。

ステップ1～5を巧みに回し、実感マーケティングを成功させている事例に共通するのは、自社の現在を見つめる冷静な目と、目的に対するぶれない姿勢だ。

オンラインとオフラインの両方のチャネルを持つ企業の場合、デジタルの担当者が実店舗の店頭に立ち、顧客と直に接する体験を持つこともぜひすすめたい。「顧客実感とは何か？」をリアルの現場で体感する機会は、その後の販促に必ず有意義に働く。地に足のついた、目標を見失わない現実的なフローでマーケティング活動を推進したい。

②一人の顧客をしっかり見て、実態に迫る

ステップ1〜5を進めていく際には、一人の顧客を可視化し、具体化することを常に意識して行おう。

繰り返しになるが、集計表の数値だけ見ていては、気づきが不足し、実感が得られない。それでは顧客の実態を浮き彫りにすることは、不可能だ。数字の中身や内訳を見る、一人の顧客の動きを見る、さらにアンケートの回答などを通して、顧客の心理変化に迫り、一人の顧客を可視化しイメージを具体化していこう。「この顧客はこうだったのか」「やっぱりね」「そうだったのか」という実感を得ることだ。

例えば、顧客データから特定の属性を持つ顧客を絞り込んだ上で、ＬＩＮＥでメッセージを送り、その反応を見たとしても、その顧客が実際どのような人なのかはつかめない。女性だけ、男性だけ、何歳以上だけ、特定の地域に住んでいる人だけ、といった属性を追いかけるのはよくある手法だが、それでは気づきは得られない。

そうではなく、ＬＩＮＥでキャンペーンのメッセージを送った人の内訳を深掘りするのである。一人の人に絞ってデータを確認すると、思わぬ発見が得られることが多い。狙ったタ

ーゲットが思った通りに反応しないという事態は日常的に発生している。

どうしてこのターゲットの手応えが良かったのだろう。なぜ、こちらの予想と異なっているのだろう。こうした当初の思いや見込みとの差異を実感することが重要であり、実感できる仕組みであることが重要だ。実感した差異は課題となって、次の施策につなげられる。差異＝気づきである。

どんなに便利なＭＡツールが登場し、マーケティングのプロセスが自動化されても、アイデアや施策については、人が考え、人が出していく。ここばかりは決して自動化はできない。

その際には、施策の成果を施策単位ではなく顧客単位で追いかけることが重要である。

③レアケースか否か、リサーチであたりをつける

一人の顧客の実態に迫るためには、まず優良顧客のなかから深掘りをしていくといいだろう。「実感マーケティングの具体的な手法」の２-②（１６１～１６４ページ）で述べたように、エクストリームな顧客を抽出するといい。どのような属性でどのような数値に彩られ、どういった傾向を持った人なのか。それを実感して、この人に効果的だと思う具体的なアイデア、具体的な打ち手に落とし込んでいく。

もちろん、この一人の顧客が極めてレアケースで、共通点のある顧客がほかにはまったくいないというケースも考えられる。その可能性は捨てきれない。ドリルダウンして一人の優良顧客を想定して施策を打ったのはいいが、蓋を開けてみると極めて特殊なニーズに過ぎず、効果がほとんどなかった、という事態も考えられる。

それを避けるためにはリサーチが効果的だ。例えば、飲料メーカーが優良顧客のデータから、Aさんがある飲料Bを大量に買っていることをつかんだとする。AさんはECサイトで繰り返し飲料Bを買っているヘビーユーザーだ。そこでAさんに直接尋ねると、「すぐに飲みたいときに冷蔵庫にストックしておきたいから」と回答してくれた。

さて、この答えをどう読むか。会社側では飲料Bに関して「冷蔵庫に大量にストックして飲む」という用途をこれまで一切考えていなかったが、Aさんの声を聞き、そうしたニーズがあるのならダース売りできるのではないかと仮説を立てる。

そこで、「ダース単位で販売したら、うれしいですか」「購入しますか」と尋ねるアンケート調査を優良顧客対象に実施するのだ。もし、そこで「うれしい」「購入する」と回答する顧客が多数であれば、仮説を実行に移せばいいし、もし極めて少数であれば、Aさんがレアケースだったということなので、実施を見送ればいい。

Aさんの嗜好は特殊なのか、そうではないのか。ほかにも同じようなニーズの人がいるのか、いないのか。その用途を前提にして販売も考えていくべきなのか。あたりをつける意味でリサーチは有効だ。

リサーチの結果を受けて、このニーズの人は一定数確実にいそうだとわかれば、そのニーズに応える打ち手を実行できる。すべては、一人の個客を動かすためのアイデアを考えることから始まるのである。

④リーンスタートアップから、施策のブラッシュアップを重ねていく

先の項目では一人だけをサンプルとしていたが、サンプルは複数人であってもかまわない。ロイヤル顧客のなかで五人ぐらいをピックアップし、五人とも別々の傾向や特徴があるのであれば、それを全部試してもいいだろう。複数回答で「こういうものがあったら、あなたは買いたいですか」という問いをアンケートで立て、該当するものにすべてチェックを入れてもらえば、顧客の嗜好を把握できる。

従来、こうした「あたりをつける」プロセスは簡単ではなかった。個客のすべてのデータが統合されていなかったため、可能な方法としては、全体の構成比やグラフなど数値的な傾向から考察し、「平均と比べて突出しているから、ここは特徴がありそうだ」と推察するだけ。

一人にまで絞り込むことは難しく、アイデア出しも最後は勘と経験に頼らざるを得なかった。

しかし、一人に掘り下げていく前にアイデアを出すと、どうしてもブレが大きくなる。ブレ幅が大きいのにもかかわらず、勘でなんとかしようとするというのは、「下手な鉄砲も数撃ちゃ当たる」で、あまりにも無駄が大きい。広告宣伝費を湯水のように使えた時代もあったが、いまはそんな時代ではない。

現在は、広告も顧客をセグメントし、ダイレクトに届けることが可能な時代だ。顧客に合ったチャネル、顧客に合ったコミュニケーションを働きかけることは不可能ではない。想定されるストーリーとターゲティングで広告を打てば、反響は確実に高まる。

いま多くの企業の関心事は、新たなタッチポイントの創出や増強に向かっている。LINEが流行っているから、我が社もLINEに対応したほうが良さそうだ。スマホのアプリをみな使っているからうちもアプリを投入しよう、といった具合だ。

もしそうした方向を目指すのであれば、さきほど述べた「リサーチをかけてあたりをつけていく方法」のように、仮説を立てた上で小さな規模で実行し、効果検証を行いながら改善を重ねていくリーンスタートアップをおすすめしたい。最初から改善を前提にして、ブラッシュアップをかけながらより良い施策にしていくアプローチである。

⑤大事なのは「打席にたくさん立って」「勝ち癖をつける」こと

一人の顧客から得られる知見は深い。マーケティングアイデアは一人の顧客分析から生まれてくる。この人に喜んでもらえる施策、この人に必要だと思われるコミュニケーションやタッチポイントはなんだろうかと考えて、アイデアを出し、成功体験を重ねていく。これがもっとも効果的なアプローチだ。

デジタルマーケティングを軌道に乗せているある企業のマーケティング担当者は、「勝ち癖」という言葉を用いて、実感について次のように話していた。

「マーケターにとって大事なのは勝ち癖をつけていくこと。例えば、メールをお客様に送って、予想していた通りの手応えがあったというサイクルを高速回転させていくと、勝ちパターンにつながりやすいですね。もちろんなかには負けのケースもたくさんありますが、だからこそバッターボックスに立つ回数を多くしないといけない。いきなりホームランは打てないですし、変に狙いに行くとおかしなメールを送ってしまうようになるので、バントでいいから少しずつ、小さなクラスターに嫌われないようにメールを送ると、勝ち癖がついていく。勝ちパターンがたまっていけば、マーケティングの実感がより得られるようになるんです」

勝ちパターンがわかっていないと、売上を落としたくないからとメールの全配信からいつまでたっても抜け出せなくなる。そうではなく、小さくてもいいから場数を踏む。一人の顧客のインサイトをつかみ、施策を打って、実感する。このサイクルを全体管理しながら積み重ねることで、勝ち癖につながっていく。

⑥システムの導入　プランBを用意しよう

ここでは「実感マーケティング」を実践するためのプラットフォームとなるシステムやツールの導入について触れたい。プラットフォームの導入は本来、明確な目的があって、そこから逆算して検討が進められるべきだ。

しかしながら「うちの会社はそもそもやりたいことややるべきことがそんなに明確ではない」。そうした企業も多いはずだ。その場合には、データの活用により実現したいことをいったんすべて書き出し、明らかにしてからシステムを選定することが好ましい。

とはいえ、現実には、システムが導入されてからはじめて、やりたいことが見えてくる、というケースも少なくない。いや、こちらのほうが割合としては多いかもしれない。

動き出さなければわからないというのであれば、プランBを用意しておこう。変化を前提にシステムを選ぶのである。データを統合して、当初のイメージ通りに進めば幸いだが、うまくいかないケースは起こりうる。そのケースに備えてプランBを準備しておきたい。

そのためには、プランBへの切り替えが柔軟に行えるかという事前の確認が必要だ。また、データの統合を始めてから、あのデータが足りない、このデータがそもそもないという事態はよく起こるので、後からデータを加えて活用ができるのかなど、将来的な拡張性も踏まえてシステムを選びたい。

また、統合したデータからどれだけ自由に顧客抽出ができるかも、システム選定の決め手となる。データは統合するだけなら実はそう難しくはない。難しいのは、そこから先に控えている「特定の条件のもとで顧客を絞り込む機能」だ。データはどう統合するかではなく、どう活用するかが肝。施策の有効性を高めるためにも、顧客抽出の自由度を確認しておきたい。

顧客抽出といってもさまざまだ。購入履歴から、購入回数の多い優良顧客や一定期間購入のない休眠顧客を抽出することや、過去購入商品に合わせた販促（レコメンド）など購入履歴からのセグメントもあれば、誕生日や記念日、商品発送からの経過日数や顧客ごとの平均購入間隔といった顧客軸での起点日による抽出もある。

また、カート離脱やサイト訪問回数などの閲覧履歴、リアル店舗への来店履歴などの行動履歴をベースにした抽出や、購入動機や利用用途、嗜好や生活スタイルなどアンケート回答からの抽出も考えられる。

データを統合したら、自由に組み合わせた条件で顧客を抽出できるシステムが望ましい。条件を調整して、抽出に時間がかかっては高速でPDCAを回せない。施策をスピーディーに打つことは不可能だ。思考を妨げない直感的な顧客抽出が欠かせない。思いついたら、現場ですぐに誰でもきめ細やかな顧客抽出が可能なのか、実現できるのか。その確認は必須だろう。

⑦空気を読んだ施策数と実感数の積み上げがノウハウになる

ここまで実感マーケティングを実践している事例や進め方、成功のポイントを紹介してきたが、うまくいっている会社には共通点があることにお気づきだろうか。

やったこと、つまり行った施策に対してしっかりと結果を見ていることだ。これは「言うは易く行うは難し」で、やりっぱなし、あるいはぼんやりとしか結果を見ていない会社のほうが多数派だ。

だが、結果をじっくりと見なければ、実感は生まれない。キャンペーンをやったけれど、この世代のこの悩みの顧客にはささらなかったようだ。思いのほか、この年齢やこの悩みの人からの反響が高かった。そうした実感がＰＤＣＡサイクルを円滑に効果的に回していく。

実感がないまま、さまざまな施策を重ねたところで、継続的に成果を出すことは難しい。たまたま当たったということはあっても、確率は低く、長続きはしない。

マーケティングの醍醐味は、顧客を実感し、施策を実行して、その成果を実感することに尽きるといっても過言ではない。顧客を知らずして、マーケティングは成立しないと考えたほうがいい。顧客をしっかり知った上で、提供価値を磨いていこう。自社の顧客がどんな人たちなのか、定義をして、継続的に見ていきたい。

マーケティングの本質とは顧客を知り、自社と長く深くつきあってもらうための価値を提供し続けることである。そして、顧客にどういったおもてなしをすれば好きになってもらえるかを考え実行することに意味がある。データ収集や分析は目的ではなく、そのための手段に過ぎない。顧客の心理を把握し、カスタマージャーニーと呼ぶにふさわしいシナリオを作りあげ、その上でＰＤＣＡを回していきたい。

セグメント戦略の徹底も必要だ。自社の強みと提供できる価値の組み合わせを検討し、顧客に良質な顧客体験を提供しよう。

空気を読まない施策は逆効果以外の何ものでもない。満足度向上のために良かれと思ってやっていた施策が反対に不満を生んでしまった。そんな事態を防ぎ、顧客の空気を読むためには「実感」が不可欠だ。

ＡＩもシステムも空気は読めない。読めるのは、システムを活用する立場にある人間だ。空気を読んだ施策数と実感数の積み上げがノウハウとなり、企業の競争力を上げていく。マーケティングの進化を牽引していくのは顧客実感である。

Column

「顧客体験フィードバック」とテキストマイニングの有用性

ここ数年、画期的な新製品や新しいサービスモデルで既成業界に風穴を開け、急激に業績を伸ばしてきた企業が、わずか1、2年で赤字に急転するといったニュースを目にすることが増えている。

徹底して個客向けにカスタマイズしたプロモーション施策、ターゲット層を広げるためのサービスラインの拡大、成長を加速するためのドミナント出店、マンネリ化のリスクに先回りしたメニューの改廃、さらなるイメージアップを狙った店舗デザインの改装、原料高騰に対して丁寧に説明した上でのわずかな料金改定。

いずれも前向き、積極的に変化を求めた施策や、やむを得ない事業環境の変化への対応として、合理的な意思決定によるものであったことが十分に想像されるものである。それが裏目に出て、想定をはるかに超える顧客の離反を招いたり、その間隙を突いて出現した新たなライバルに一気に市場を席捲されたりしてしまう。

そうした企業のなかには、Webでのイメージ訴求や集客、リアル店舗と融合した会員サービスなど、サービス開始当初からネットを存分に活用し、就職ランキングでも理系学生の人気が高く、情報活用に長けたイメージの企業も多い。データがたくさんあるから、また、データ分析できる人がたくさんいるから勝てるわけではないことを如実に示している。

改めて、多様で移り気な生活者・消費者の心情をとらえることの難しさを物語るところである。

それでも企業は変わり続けなければならない。

BtoC事業においては、生活者・消費者の志向や市場のトレンドが目まぐるしく変わっていくなかで、自社の強みや独自性を維持し、伸ばしていくためにも「変えるべきでないこと」と「変えるべきこと」を的確に見極め、「変えるべき」と判断したことにはスピード感を持って対応していくことが大切である。

この「変えるべきでないこと」と「変えるべきこと」の的確な見極めと、「変えること」

コラム図1　顧客体験フィードバック

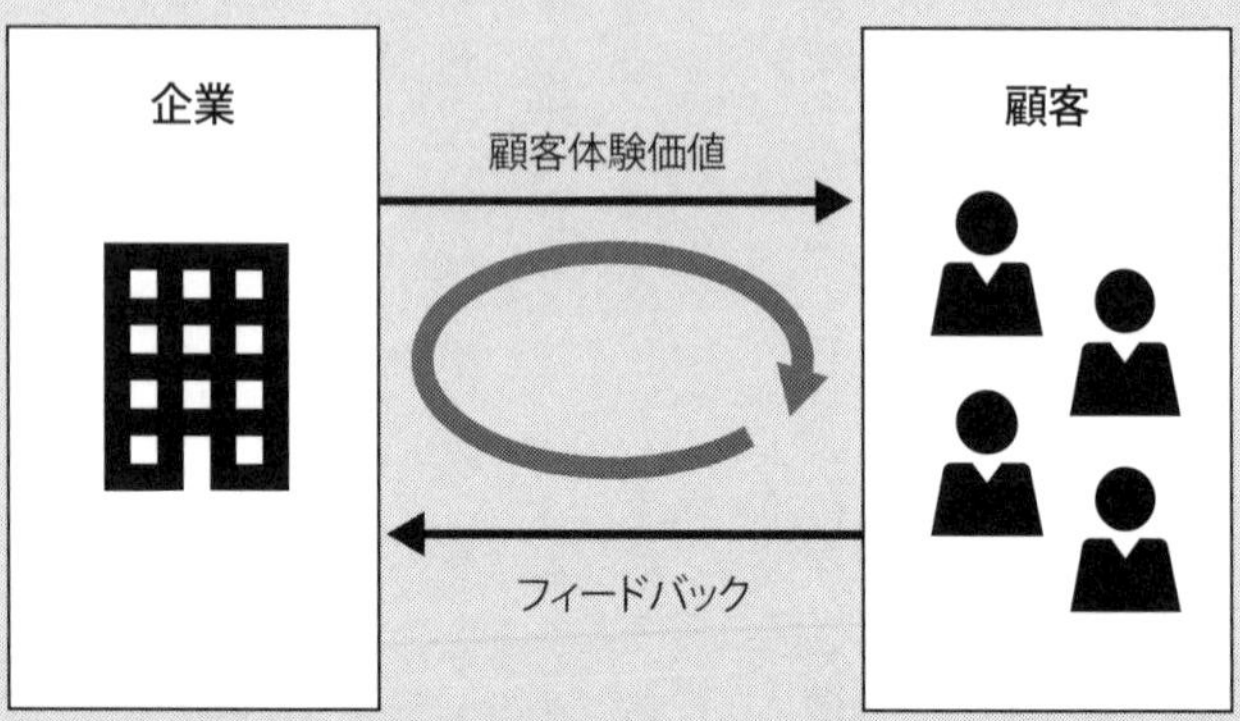

へのスピーディな対応のために、企業は自社が企図した「顧客体験価値」が顧客にどう伝わり、実際にどうとらえられているのかリアルタイムにフィードバックを得て、敏感に実感できている状態になくてはならない。これが「顧客体験フィードバック」である（コラム図1）。

いま、企業と顧客の接点（チャネル）が増え、そこで発生する「顧客接点情報」は膨大なものとなっている。

店舗での接客・販売に加えてECサイトでの販売。メルマガ、Web広告、SNS、スマホアプリでの情報発信。オフライン、オンラインでのアンケート。メール、LINE、チャットによる問い合わせ。公式アカウントへの投稿。FAQサイトでの検索・閲覧。コールセンターへの電話問い合わせ。ツイッターやインスタグラムにおける、インフルエンサーの情報発信。さらにまだ購買がない未来の顧客の、SNSへのポジティブ、ネガティブな「つぶやき」など。

顧客接点が多チャネル化するなかで「顧客体験フィードバック」を担う情報プラットフォームには、以下に挙げるような要件をできるだけリアルタイム性高く実現することが求められる。

①未顧客（＝潜在顧客）を含めて、多様なチャネルでやり取りされる「顧客接点情報」を一元化する。
②ヒトが有益な気づき、示唆を得るためにあらかじめ最適化された、わかりやすいアウトプットをリアルタイムに生成する。
③生成されたアウトプットについて、社内の関係者に的確に還流させる。
④各現場において③から得られる示唆の仮説をもとに、個客を掘り下げ、どのように「顧客体験価値」が届き、受け止められたかを「実感」できる。
⑤右記の結果を踏まえて、各現場において、次の施策につなげることができる。

例えば、前週からテレビCMやネット広告を展開している新商品に対して、既存の顧客は

コラム図2　プロモーション施策　SNSにおける反響ボリュームの推移パターン

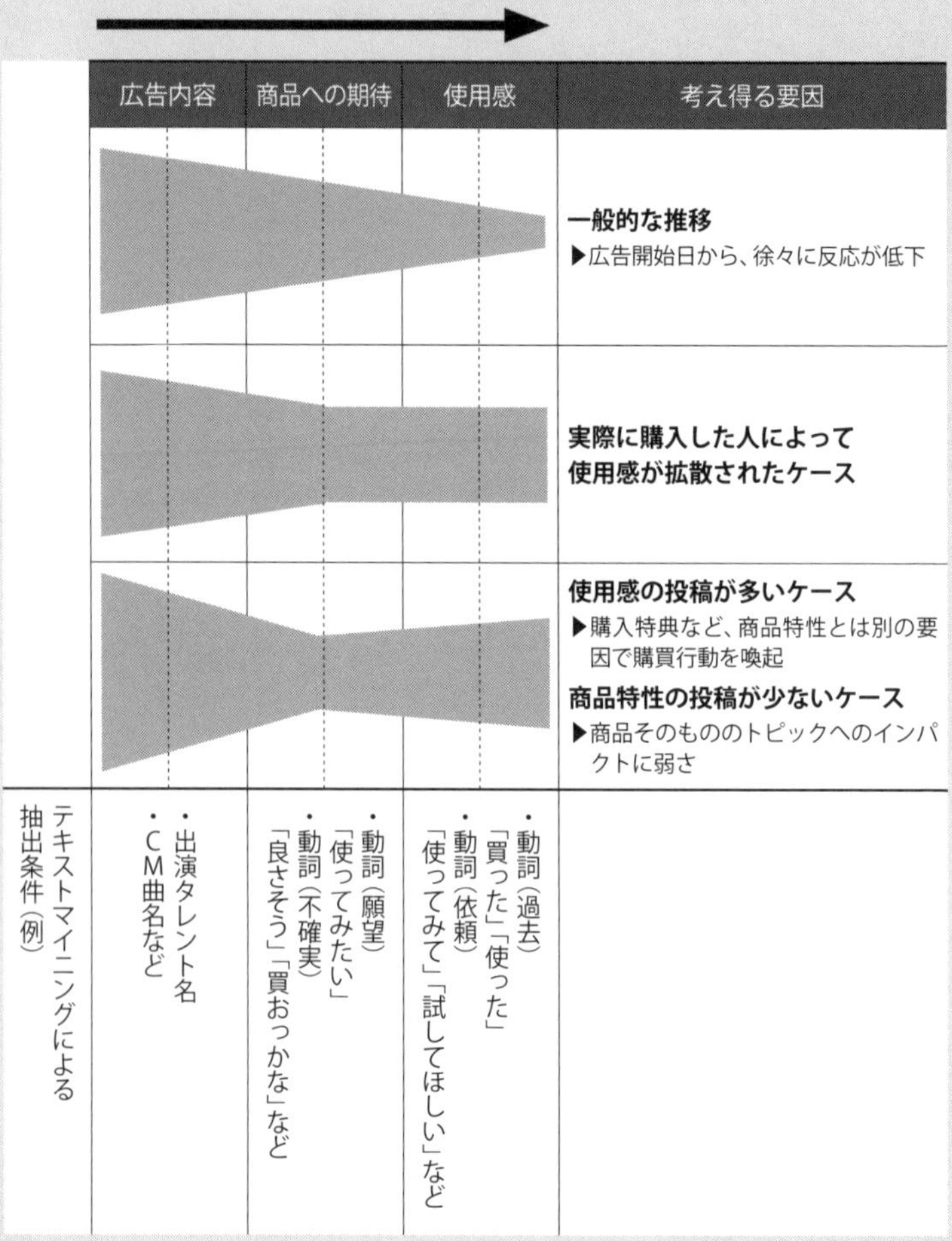

どのような反応を示したのか。一方、未顧客（＝潜在顧客）はどのような反応を示したのか。前者はコールセンターに寄せられる声、後者はSNSでつぶやかれている声を情報ソースとして反響を見ることができる。そこで重要となるのが、声をプロモーション施策への反響＝フィードバックとしてとらえるための軸だ。

ここで活躍するのが、テキストマイニングである（コラム図2）。テキストマイニング技術を活用すると、コールセンターに寄せられた声の記録（コールログ）やSNSでの発言の文中に出現する言葉や表現から、単にCMに登場するタレントに反応しただけなのか、商品を「買いたい」「使ってみたい」（未来・願望）といっているのか、「良かった」「使いやすかった」（過去・感情）といっているのかといった軸を持って反響を見ることができる。単にCMへの反応が多かった、少なかったといった量を追うだけでなく、それはプロモーション施策が狙うところだったのか否かまで検証できるようになる。

さらにこうした情報を社内に還流させ、製品の開発担当、プロモーションの企画担当、営業担当がそれぞれの視点で生の声まで掘り下げ、購買理由や購買に至るまでの感情の動きを見ることで、次の具体性のある「打ち手」につなげることができるようになる。

そうした「声」の還流から掘り下げまでを支えるのが「顧客体験フィードバック」のプラ

ットフォームである。

「顧客体験フィードバック」を徹底的に活用し、変化し続ける消費者・生活者を実感し、小さな施策を繰り返しながら、企業自身も変わり続けていくことが、企業が継続して成長していくために欠かすことのできない取り組みと考える。

第5章

実感度を測ろう

あなたの会社の実感度は

ここまで、実感マーケティングについて解説してきた。事例を挙げて紹介したように、まさに実感マーケティングに踏み出し、軌道に乗り始めた企業もあれば、実感マーケティングの上級者としてデジタルマーケティングを縦横無尽に駆使している企業もある。

その一方で、データの統合や見える化が思うように進まず、顧客をセグメントしたくても考えていた条件では抽出がかなわず、施策を実行したら実行しっぱなし、という企業も多い。実感はおろか、基本的な数字のチェックすら十分でないという例も少なくない。

そこで、この章では自社の実感度を採点できるように、レベル0〜3に分けて、それぞれの段階の特徴を挙げている。マーケティング戦略を成功に導いていくためにまず必要なのは、いま自分たちがどの地点に立っているのかを知る客観的な自己診断だ。

さて、あなたの会社の実感度はいま、どれぐらいだろうか。ぜひ、「実感」を持って読み進めていただきたい。

実感度・レベル0

実感度・レベル0は、施策を行ってはいるが、結果をほとんど見ていない状態だ。

・施策を行うことで精一杯で、成果の確認ができていない
・施策を行うことが目的化している
・やりっぱなしの状態で進化していない

こうした状況に心当たりがあるなら、それは明らかに実感度・レベル0に該当する。

実感度・レベル0の場合、担当者の姿勢や考え、忙しさだけではなく、社内のリソース、上司や責任者の意識、情報システムの未整備といった問題が影響していることも多い。いくら担当者がやる気満々で、施策をたくさん実行し、成果を確認してフィードバックしようとしても、上司が「その必要はない」という考えの持ち主であれば、実現は難しい。

残念ながら、実感度・レベル0の企業は決して少数派ではない。私たちの感覚でいうと、ざっと全体の20%が実感度0にとどまっている。

この実感度・レベル0は、PDCAでいうところの「D」ばかりを単純に繰り返しているようなものだ。このレベルから脱するには、まずは成果の確認を行うこと。やりっぱなし、

ほったらかしの施策には意味がない。

結果を確認し、検証し、次につなげていく作業を行ってこそ、施策の意味が生まれてくる。実感マーケティングの達人も、最初はここからスタートしている。一歩一歩、小さな実感を積み重ねていきたい。

実感度・レベル1

実感度・レベル0とレベル1の差は大きい。レベル1になると、結果の集計まではできている状態だ。

さまざまなデータを結合し、結果を知ることができる状態までは実現できている。仮説を立てて、定量的に良かった、悪かったという測定が可能なレベルだ。

メール配信などのツールを導入している企業は、ほとんどが実感度・レベル0を脱し、レベル1には達しているといえる。やりっぱなしではなく、とりあえず測定ができているのは進歩であることは間違いない。

問題はその先ができていないことだ。集計表を見て、ただ数字を眺めている。数字を見て、わかっているようなわからないような、どちらともつかない状態にある。

このレベルにおける「見ている数字」はどのようなものか。メールの開封率やクリック率、コンバージョン率など、売上に直結する（と思われている）数字のみを見ているケースが多い。顧客の状況推移を見て、変化は追いかけているが、なぜ増えたのか、減ったのかという原因解明には至らない。それを知る術がないといったほうが近いかもしれない。

定量的な成果を紐付けて、「この施策は良かった」「悪かった」といった結果までは見ているが、その原因をつかめていないため、その先の打ち手につながる気づきが限定的だ。この施策でなくてはならないという確固たる根拠がないため、勘と経験に頼るしか手がない。具体的なアイデアにつなげることができない。

一般的な日本企業のマーケティングは、実感度・レベル1にある。

実感度・レベル2

実感度・レベル2は、入り口のデータ統合に加えて、出口（施策の結果データなど）のデータも統合され、分析ができる状態である。実感度・レベル1の「結果を測定して知る」という段階を超えて、結果に対して実感する・わかるところまで至っていれば、このレベル2にあるといえる。

実感度・レベル1が「知る」だとすれば、実感度・レベル2は「わかる」といった表現がふさわしい。施策を試みた結果のデータの中身を見て、どういう顧客がどれだけいたのかという細部まで見られるようになっている。

例えば、メールを配信して、「クリックした客が32％いました」だけではなく、その32％の中身を見て、どういう人が具体的に反応したのかまで見られる状態にあり、実際に見ているのが実感度・レベル2だ。

第3章で、「ただデータを眺めるだけでは、『ふーん』で終わり、PDCAは回らない」というマーケティング担当者の話を紹介したが、この実感度・レベル2では「ふーん」が、「やっぱりね」「そうだったのか」に変わる。

メールを開封した顧客がはじめて買った商品が何なのか、一番初めに見た広告の流入チャネルがなんだったのかをチェックし、オンラインよりもテレビCMを見て申し込んできた人のほうが反応が良かったなど、量的な違いもつかめている。

なぜ、それができるのかといえば、顧客の名前や住所、電話番号といった顧客属性と注文の履歴、チャネルごとの履歴などが一つに束ねられているからだ。

この人にいつメールを送ったのか、いつサイトを訪れたのか、いつリアルの店舗に来店し、いつどのような商品を買ったのか。そうしたデータがすべて個人ごとに一覧できる。いわゆる、顧客のカルテのようなものが整備されている状態が実感度・レベル2だ。逆に、こうした環境が整備されていなければ、実感度・レベル2は達成できない。

この実感度・レベル2の会社はまだ少数だ。システムを作り込んでいる例もなくはないが、例外といっていいだろう。

担当者に意欲があり、理解度があっても、結果を深掘りできる設計になっていないシステムが足かせになって、なかなかレベル2には至らない、という企業が多いことも付け加えておきたい。

実感度・レベル3

実感度のマックスがこのレベル3だ。ここに至っている例は極めて少ない。

レベル2が定量的な成果からその内訳を見ることができる段階なのに対して、レベル3は成果につながった理由や背景までもをうかがい知ることができる状態である。定量的なデータに加えて、定性的なデータも分析できるのがこのレベルである。

コールログやアンケート、SNSの書き込みなどもこの段階にきてようやく分析の対象になる。実感度・レベル2で得た実感（わかった）がさらにステップアップし、顧客の心理状態や本音など細やかな声や動きまで見える状態だ。

数字の裏付けとなる理由や背景まで顧客単位で振り返ることができるので、実感を持って顧客を理解しやすくなるということだ。

例えば、コールログを分析し、顧客ＩＤと関連付ければ、購入顧客が過去にコールセンターにどのような問い合わせを入れ、どんな質問をしていたのかがわかる。その逆に、コールセンターに問い合わせをした人が、その後、実際には何を買ったのかという流れも把握できる。

この段階では、顧客ＩＤとの関連付けが容易なコールログやアンケート調査の活用から着手するのが一般的だ。それだけでも得られる材料は非常に多い。

例えば、次回購入意向は定性データからしか見ることはできない。定性データまでも範疇に入るレベル3では、打つ施策の精度が上がり、成功の確率が高まっていく。マーケティングに有益な「言葉」を掘り当てることも可能になり、これまで見えてこなかった背景や要因、顧客の本音を探りやすくなる。一人の顧客の「(購買の)理由」「心情」「趣味嗜好」「感性」といったインサイトを踏まえた施策を打ち、その成果を丹念に検証すれば、実感度は深まり、マーケティング担当者のやりがいや醍醐味も増していくだろう。

いま、実感度・レベル0や1であっても、3に至ることは十分に可能だ。目標を掲げ、着実に成功体験を重ねて、実感度・レベル3を目指したい。

現状のレベルを把握したら、あとは実行する

いかがだろうか。自己採点の結果、あなたの会社の実感度はどのレベルに位置していただろうか。進化の第一歩は、己を知ることから始まるのだ。

実感度が低いマーケティング部署では、ルーティンの作業負担が重く、検証の時間をあまり取れず、効果的な施策を生み出せず、何より担当者がマーケティングの醍醐味を実感できる機会が少ないのではないだろうか。それではあまりにももったいない。

自分の頭脳を本来の業務であるクリエイティブな領域に集中させるために、便利で効果的なツールがすでに開発されている。そうしたツールを活用するのは簡単で手間いらずだというつもりはない。現実には、時間も労力もかかり、とりわけ最初の段階では四苦八苦するかもしれない。

だが、そうしたツールを自らの手足として使いこなしたその先には、顧客を実感し、PDCAを効果的に回し、マーケティング担当者ならではのクリエイティブな達成感を心から感じられる未来が待っている。

まずは顧客を実感しよう。これからのマーケターに必要なのはデータから顧客を想像する力、妄想する力だ。接客経験があるマーケターのように、顧客を具体的にリアルにイメージできる力だ。そのために、一人の顧客を深掘りし、その顧客に向けた施策を打ち出し、成果を確認して提供価値を磨いていこう。

自らの実感度を把握したら、あとはもう実行するだけだ。準備はすでに整っている。一歩一歩着実に踏み出し、顧客実感をエビデンスとした、顧客起点のマーケティングを軌道に乗せてほしい。

最後に、実感マーケティングには組織を変える力があることを再度、強調しておきたい。顧客実感とは単なるマーケティングの手段ではない。組織の共通言語として機能し、業務プロセス全体を変える力を備えている。実感マーケティングによってマーケターの働き方まで変わる可能性は大きい。

データの集計・分析に時間を奪われ、効果的な施策の発案や、実行した施策の成果測定に時間を割くことができない非効率な時代はもう終わりにしたい。マーケターの役割は顧客に体験価値を提供することだ。そこにマンパワーを集約するために実感マーケティングはこれ以上ない有益な手段となる。

さあ、データから顧客を想像し、妄想し、実感し、機械では不可能な、ヒトだからこそ可能な付加価値の高いマーケティングを実践していこう。顧客実感を共通言語として、組織内での議論を活性化していこう。いまこそ組織として、マーケティングを次のレベルへと昇華させてほしい。

おわりに

リアルの店舗で優秀な店員に遭遇した経験は、誰しも持っているのではないだろうか。

本書でも少し触れたが、世の中には顧客の動きや心理を敏感に察知し、顧客がほしい商品、知りたい機能やストーリーをタイミング良く紹介し、購買につなげていく手腕の持ち主がいる。

この商品もいいけれど、あの商品にも惹かれる。こちらの商品はちょっと大きすぎる。もっと小さいサイズがあればいいのに。そうした顧客の心のなかのつぶやきを見事に感じ取って、接客に反映させられる販売員は間違いなく存在する。

彼ら彼女たちは、常に顧客を理解しようとつとめ、ちょっとした行動や視線、表情、言葉を見逃さない。顧客に不快感をもたらすことなく、顧客をつぶさに観察して接客していくその能力には驚嘆するしかないが、この力こそが本書でいうところの「実感」である。

デジタルのデータを漠然と見ているだけでは、単なる数字の羅列に終わってしまい、そこから顧客のリアルな姿をうかがい知ることは難しい。購買履歴からわかるのは顧客のほんの

データの向こうにいる顧客を実感する

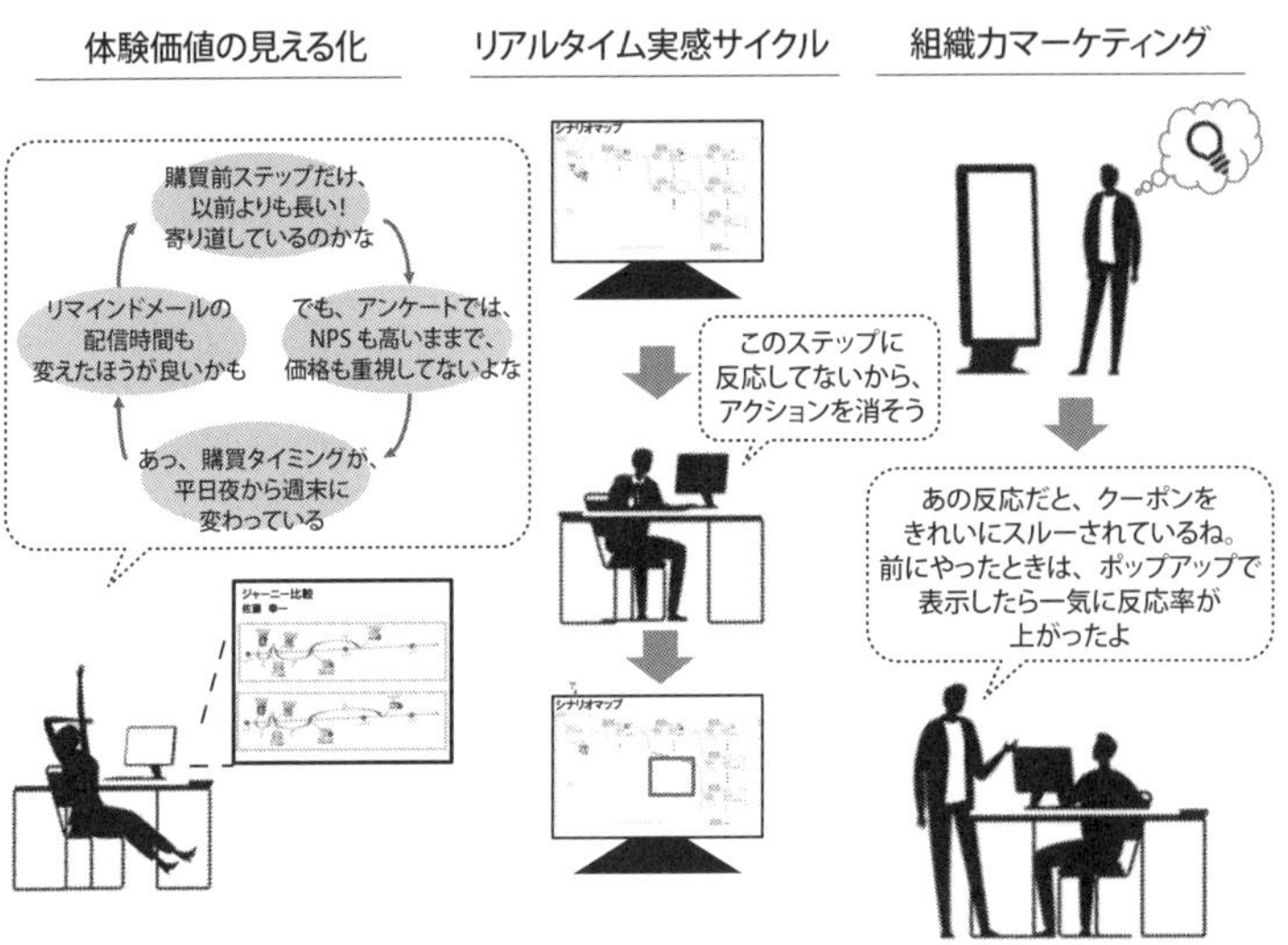

一部でしかない。

データは大量に取れるのになぜか思うような成果が出ない。そうしたケースのほとんどは、顧客を実感できていないことに起因している。

データの向こうにいるのは生身の人間であることをぜひ思い起こしてほしい。人は感情で動く。笑い、驚き、喜び、わくわくし、共感する。ましてや現代は価格や機能だけではモノが売れない時代だ。有益な体験、自分にとっての付加価値の高い体験を得られるか否かが生活者の購買行動を左右している。

そうした時代に生きるマーケターに不可欠なのは、顧客を実感する力である。幸い、デジタルテクノロジーの進化により、効果的なツール、有用なツールは揃っている。個客を特定し、商品やサービスをパーソナライズ化することも、以前と比べればずっと容易になってきた。

多くのツールが揃い、環境が整備されているがゆえにツールの選択に迷い、せっかく導入してもうまく活用できないケースも見受けられるが、解決策は明快だ。ツールの導入を目的にしないこと。ツールは手段であって目的ではない。自社が手掛けたい分析、やってみたい施策ありきでツールを選び、データを統合して見える化を行ったら、そこからが実感の出番である。

定量データ、そして定性データをもとにして自社の顧客を実感し理解しよう。顧客を深掘りして、自分たちが選ばれている理由を明確に把握してほしい。

実感があれば、ＰＤＣＡは効果的に回り、価値あるノウハウが蓄積されていく。ＫＰＩに振り回されてマーケターが疲弊していては効果的な施策は打ち出せない。いまこそ、マーケターはあたかも優秀な販売員のようにツールの力を借りて顧客を実感し、顧客単位で施策を実行して、顧客単位で成果を確認し気づきを得よう。そしてフィードバックを重ねよう。この繰り返しが施策シナリオの精度を上げていく。

好循環が生まれれば手応えは大きい。顧客満足度の高い施策、より良い顧客体験を継続的に提供し、ファンを育て増やしていく。それこそがマーケターの醍醐味だ。

デジタルに翻弄される時代はもう終わりにしたい。これからは、デジタルによってもたらされる恩恵を十分に享受していこう。実感マーケティングは、その際の強力かつ確かな武器になるはずだ。デジタルマーケティングの指針として、さらにはマーケター育成のための手引書として本書をぜひ活用してほしい。

2020年2月

三室 克哉　鈴村 賢治　山崎 雄司　瀬田石 真人　中居 隆

瀬田石　真人（せたいし　まさと）

株式会社プラスアルファ・コンサルティング　執行役員 カスタマーリングス事業部 副事業部長
拓殖大学工学部卒業後、DTPデザイナーとして数年間デザイン業務に従事するも、システム構築への興味にてWeb開発へと移る。転職後、システムエンジニアを十数年経験し、その間に大手製薬会社等への要求定義からシステム実装・運用等を経験。また、デザイン業務の経験を生かしUX提案の評価を経て、本質的に使いやすいシステムを考えるようになる。その後、より幅広い分野への挑戦としてプラスアルファ・コンサルティングに入社。カスタマーリングス事業部にて分析コンサルタントとして数々の導入・活用支援を実施。システム経験を活かし、さまざまなデータの連携を活かした活用支援を進めている。

中居　隆（なかい　たかし）

株式会社プラスアルファ・コンサルティング　取締役
東京大学船舶海洋工学科修士課程修了後、株式会社野村総合研究所に入社。事業環境分析、研究開発管理、組織分析・診断、ナレッジマネジメントなどを担当。特に製造業・大学・研究機関の研究企画、事業戦略策定を目的とした、テキストマイニングを活かした特許・論文情報のクラウド型分析サービスの事業展開に従事。2016年、プラスアルファ・コンサルティングに入社。多様なデータ活用、戦略策定支援の経験を活かし、CRMをはじめ、テキストマイニング、タレントマネジメントなどのクラウド型ソリューションの活用支援・コンサルティングを通じた、企業への提案、新機能・新サービスの企画開発を進めている。

参考文献

『コトラー マーケティングの未来と日本　時代に先回りする戦略をどう創るか』
著者 フィリップ・コトラー／訳者 大野和基／監訳・解説 鳥山正博／ KADOKAWA、2017年
『たった一人の分析から事業は成長する 実践 顧客起点マーケティング』
著者 西口一希／翔泳社、2019年

著者紹介

三室　克哉（みむろ　かつや）

株式会社プラスアルファ・コンサルティング　代表取締役社長
早稲田大学大学院理工学研究科にて、ニューラルネットワーク、画像認識、並列処理等の研究に従事し、株式会社野村総合研究所に入社。以来、AI、データマイニングを活用した、商品需要予測、優良顧客分析、GIS、Webアクセス解析等、各種プロジェクトを多数実施。その後、コンサルティング業務での経験から、自然言語処理を活用したテキストマイニングシステムを企画事業責任者として開発。2007年、テキストマイニング、CRMのクラウドビジネス立ち上げを目的にプラスアルファ・コンサルティング代表取締役社長に就任。現在は、科学的なデータ活用を実現するマーケティングプラットフォームの企画、開発を積極的に進めている。

鈴村　賢治（すずむら　けんじ）

株式会社プラスアルファ・コンサルティング　取締役副社長
中央大学理工学部卒業後、株式会社野村総合研究所に入社。システムエンジニアとしてCRMシステムや情報システムの開発経験などを経て、テキストマイニング事業に営業・マーケティング責任者として参画。日本を代表する大手企業を中心に顧客の声活用プロジェクトやデータマイニングプロジェクトを多数経験しながら、執筆・講演などの情報発信を通してテキストマイニングの認知度向上やデータマイニング技術の業務活用に努める。2007年、プラスアルファ・コンサルティングに入社、取締役副社長に就任。国内・海外でのテキストマイニング活用、データマイニングを活用したCRM/マーケティングオートメーション事業の立ち上げ・推進など、顧客情報の活用に始まり、最近では働き方改革に向けた社員情報の活用による科学的人事実践の手法開発など、あらゆるビッグデータを“見える化”することによる新しいビジネスの創造に向け、日々全国・世界を駆け巡っている。

山崎　雄司（やまざき　ゆうじ）

株式会社プラスアルファ・コンサルティング　執行役員 カスタマーリングス事業部 事業部長
日本大学経済学部卒業後、トランス・コスモス株式会社に入社。テレマーケティングやデジタルマーケティングによるCRMプロジェクトを多数経験し、特に労働集約的なコールセンター業務の中に、科学的なアプローチを活用した新しいサービスモデル推進に従事し、大手企業を中心に多くのプロジェクトに参画。2011年プラスアルファ・コンサルティングに入社。2017年執行役員に就任。活動のフィールドをデジタルに移し、自社のデータ活用ノウハウを生かしたSNSマーケティング、ソーシャルCRM、マーケティングオートメーションの企画・推進に従事。データマイニング／テキストマイニングといったIT技術を駆使したデータ活用を中心にマーケティング現場の付加価値最大化を目指し、全国を駆け回っている。

最高の顧客体験を提供する「実感型」デジタルマーケティング

2020年4月2日発行

著　者——三室克哉／鈴村賢治／山崎雄司／瀬田石真人／中居隆
発行者——駒橋憲一
発行所——東洋経済新報社
〒103-8345　東京都中央区日本橋本石町1-2-1
電話＝東洋経済コールセンター　03(6386)1040
https://toyokeizai.net/

装　丁…………中村勝紀（TOKYO LAND）
D T P…………アイランドコレクション
印刷・製本……中央精版印刷株式会社
Printed in Japan　ISBN 978-4-492-96173-5